家康の築いた江戸社会

小名木善行

青林堂

はじめに　歴史と歴史学

歴史のことを英語で「ヒストリー」と言います。これはもともとヘロドトスの『ヒストリアイ』から来た言葉で、意味からすればそれは「ヒズ・ストーリー（His Story）」、つまり直訳すれば「彼の物語」です。つまり歴史というのは、過去の出来事を時系列にストーリー化した物語のことを言います。

一方日本では、学校で習う歴史といえば、年号と人物名、事件名を丸暗記する科目といった印象になっています。けれどそれは社会科のなかの歴史であって、本来の意味における歴史とは異なるものです。

実は日本では、先の大戦後にGHQによって歴史教育が禁止されています。歴史を学ぶと日本人が強くなるから教えてはいけないというわけです。けれどその後に国会議員の有志らによって、歴史のごく一部の、年号や事件名等の事実だけを教える社会科の一分野としてのみ、歴史教育が解禁となりました。これがいまも学校で続いている歴史科目で、そこでは原則として、なぜそのような事実が起きたのか、どうしてその人物はそのような行動をとったのかといった、「なぜか」に答える学問としての本来の歴史教育はいまだ復活していません。

たとえば鎌倉幕府といえば、「いいくに《一一九二》つくろう鎌倉幕府」で、幕府が一一九二年に誕生したということのみが学校で教えられます。近年では、その鎌倉幕府の成立について、壇ノ浦の戦いがあった一一八五年が成立時期だといった議論もあるとのことですが、そのどちらも、「なぜ幕府にしたのか」、「なぜ頼朝は鎌倉に幕府を置いたのか」といった素朴な疑問には、まったく答えていません。頼朝がどうして平将門のように独立国を志望しなかったのか、京の都から遠く離れた鎌倉に幕府を置いたことにも、当然、理由があるはずです。

あるいは赤穂浪士の吉良邸討ち入り事件が江戸時代にありました。この事件は元禄十五年十二月十四日（一七〇三年一月三十日）深夜、赤穂の浪士四十七名が吉良上野介邸に討ち入ったという事件ですが、現代の日本の歴史科目が教えるのは、この日に討ち入りがあったという事実のみです。それでは教えを受ける側は、乱暴で残念な人たちがいたのだ、という印象しか残りません。

そうではなく、歴史は本来はストーリーですから、どうして鎌倉に幕府が開かれることになったのか、どうして赤穂浪士は討ち入りをするに至ったのかを、考証するのが、本来の歴史学です。もちろんこの場合、見方によって諸説が生まれます。けれどその中で、最も再現性が高く論理的なものが、最終的に科学的な歴史として認知されるのです。そしてそうやって学会で認知された歴史さえも、何かの考古学上の発見ひとつで、根底からくつがえされるといったことも、学問としての歴史の面白さです。

さらにこれが歴史を学ぶことになると、意味合いが違ってきます。

歴史はストーリーですが、そのストーリーの中で、自分が歴史の当事者となって「自分ならどうするか」を考えるのが、歴史を学ぶことです。

たとえば「源頼朝が鎌倉に幕府を作った」ということが史実ですが、では自分ならどういう選択をするか。たとえば京の都に幕府を開いたのなら、その後の歴史はどのように変化していったであろうか。あるいは赤穂浪士はどうして討ち入りをするに至ったのか。もし自分がそのとき旧赤穂藩士であったのなら、事件をどのように受け止め、どのように行動するであろうか。あるいはその浪士の妻であったのなら、自分ならどのような気持ちになり、どのようにその後の人生を過ごしたであろうかなど、自分が歴史の当事者となって、その行動や、その行動によって生まれたであろう新しい事態を考える。実はこれが「歴史を学ぶ」ことです。

かつて戦前戦中までの日本の歴史教育は、まさにこの「歴史」と「歴史学」をしっかりと行ったもので、ある意味世界の最先端の学問となっていました。ところがGHQによる制限後、日本人は歴史を社会科の中のただの暗記科目にされた一方で、日本人がなぜここまで強いのかを研究した国々は、米英を筆頭に、自国の歴史教育に、日本の歴史教育の手法を全面的に取り入れています。つまり米英その他の国々は、歴史を、教師がただストーリーを教えるという教科から、生徒たちが自ら歴史の当事者となって考える授業へと進化させたのです。これはものすごく大きな教育上の成果をあげるものとなりました。けれどその一方で、もともとそうした歴史教育を行っていた日本は、歴史を、意味のない単なる社会科にしてしまったのです。

「歴史にＩＦはない」という言葉も、日本と諸外国では、その意味するところがまったく異なります。

諸外国において「歴史にＩＦはない」という言葉は、あくまで歴史は「事実をもとに考えるもの」という意味で用いられます。「源頼朝が鎌倉に幕府を作った」という事実があれば、では頼朝はどうして幕府を鎌倉に作ったのか、どうして京の都に作らなかったのかといったことを、あくまで「事実をもとに考える」わけです。「もしかしたら頼朝が宇宙人に指示されたのかも」と考えるのは自由です。けれどそこで宇宙人を持ち出すなら、その時代に宇宙人と頼朝が実際に会話したという記録をもって証明しなければならないのです。これが歴史とファンタジーの違いです。

これに対し、戦後の日本で言われる「歴史にＩＦはない」は、まったく意味が異なるものです。たとえば「もし頼朝が京の都に幕府を開いていたら、その後の歴史はどのように変わったであろうか」といった歴史を考えること自体をタブー視するための用語として「歴史にＩＦはない」と説かれています。これは、歴史をただの年号と人物名、事件名の丸暗記科目とするためには必要なことであったであろうといえますが、それでは歴史を学んだことにはなりません。どこまでも歴史は事実に基づくストーリーであり、歴史学はそのストーリーが別なストーリーであった場合を「考える」ことによって、いまを生きる学びを得るものであるからです。

たとえば、もし頼朝が鎌倉ではなく、京の都に上って、義経とともに新しい源氏政権を開いていたら、その後の歴史はどうなっていたのか。義経がモンゴルに移住することもなく、そうであれば元の大帝国の出現もなく、日本に元寇は起こらず、西洋社会は中世のままに置かれ、元の大帝国が始めた紙の通貨という仕組みも世界に生まれることはなく、世界は二十一世紀となった今日《こんにち》においても、いまだに剣と槍の騒擾《そうじょう》の世界のままであったかもしれません。このように頼朝が鎌倉に幕府を開いたことのもたらした世界的影響を俯瞰《ふかん》するとき、現代においても日本の選択がもたらす世界に与える影響の大きさが理解できるし、そこから世界と日本との違いの根幹とは何かといった考察も生まれます。これが歴史を学ぶ意味とおもしろさです。

少し前まで、テレビに「早押しクイズ王」みたいな番組がありましたが、そこで優勝した東大生が、新たな日本のリーダーや、世界のリーダーとなったという話は、まったくありません。またいまどきは、年号も人物名も事件名も、学者や優秀な生徒の記憶よりも、スマホでちょいと調べた方が、はるかに正確な情報を、素早く手に入れることができます。

そうであるなら、ただの暗記科目としての現代日本の歴史教育は、教える意味が根本的になく、また生徒が学ぶ価値もない、ということになります。

そんな価値のないことのために、大切な幼年期や青年期の時間を費やすのは、社会的な無駄でしかありません。かつての日本には高度な精神性があったし、やさしさのある人々が暮らしていたのです。そしてその文化性は、江戸時代の日本に、完全に定着したものでした。そしてそんな江戸社会を築いたのは、間違いなく家康の思考にあります。

では、江戸時代というのは、どのような時代であったのか。本書でみなさまとともに考えてみたいと思います。

もくじ

第三章　町方の暮らし

第一章

政治と暮らし

1―1　輪中と平田靭負（ひらたゆきえ）

はじめに、ある「匿名希望」の方から頂戴した、江戸中期に薩摩藩の家老であった平田《ひらた》靭負《ゆきえ》と薩摩義士のお話をご紹介します。江戸時代がどのような時代であったのかを考えるうえで、とても貴重なお話だと思います。

★★★

いつも拝読させていただいております。ためになる記事を書いて頂き、ありがとうございます。堤防の話で思い出した事があるので、初めてコメントさせて頂きます。

私は岐阜県岐阜市の出身です。長良川の恵み豊かな地域で、小学校のときに鵜飼いや治水の歴史について学んだのですが、より深く知り胸を打たれた話があります。それは、木曽三川公園から延びる千本松原（油島締切堤）、宝暦治水の話です。

長良川は岐阜市を通り、伊勢湾に流れ込む一級河川です。現在は岐阜城のある金華山の麓を穏やかに流れ、千年以上の歴史のある鵜飼いがあることで有名です。その長良川の河口は、木曽三川と呼ばれており、木曽川、揖斐川、長良川が合流して、江戸時代、宝暦治水が行われるより昔は一大デルタ地帯となっていました。

ここは、川下は三川とも天井川になっていて、周囲の平地より川面の方が高い所にあるという特殊な地形で、一度洪水がおきれば大変な被害が出る所でした。集落は輪中《わじゅう》と呼ばれる土手で囲んだ中にあり、民家の玄関は地面より二メートルくらい高くして作っています。蔵は土台を更に高くして作ってあります。そして民家の玄関の天井や蔵には避難用の小舟が梁に掛け渡してあります。

つまり台風や豪雨があれば洪水で土手が切れる前提で生活が営まれていて、いざ土手が決壊したなら天井の高さまで濁流が押し寄せてくるということなんです。想像できますでしょうか。増水が始まったら皆で土手に出て、村総出で必死で土嚢《どのう》を積みます。女子供は蔵か屋根で様子を見て、もう保《も》たなくなったら、玄関の屋根を破るか、蔵から舟で逃げるということです。

大切な財産と最低限の家財道具以外は濁流に呑まれてしまう。水が引いて命があれば、また生活基盤を復旧し、暮らす。この繰り返しで、増水の度に生活基盤が一切合財なくなってしまう、それが輪中の暮らしでした。

輪中は一つのコミュニティーとして成立していますから、それ一つは村として機能します。もちろん物流があり、生活があり、人の行き来があります。洪水になると、みな必死で土嚢を積みます。そうして持ちこたえられなかったところ、どこか他の輪中の土手が決壊するとザァッと水が引くんですね。でも、単純に喜べません。その決壊したよその輪中には、嫁に行った姉さんだとか、自分の恋人だとか、仕事に行ってる息子だとかがいるのです。

下流の川底が高く、複雑に合流と分流を繰り返す木曽三川。将軍家のお膝元の尾張藩は上流で木曽川の大規模な治水事業を終えていたこともあり、この地の水害を根本的に解決するには、小領の利害を超えて三川を分割する、一体的な治水事業が必要でした。

宝暦三年の大洪水で甚大な被害を出したあと、紆余曲折があり、同年、幕府は治水事業に実績のある薩摩藩に白羽の矢を立てて、お手伝い普請《ぶしん》という名目で正式に工事を命じました。当時幕閣は、有力藩弱体化政策をとっており、関ヶ原で西軍についた外様大名の薩摩藩に多大な出費を課し、あわよくば破産に追い込む目的が大きかったのです。

すでに財政の逼迫《ひっぱく》していた薩摩藩は、巨額の費用のかかるこの普請の嫌がらせに、「徳川何するものぞ」、「一戦交えるべき」との意見も出ましたが、老中の平田靱負は皆を説得し、それを抑えました。

彼は、「縁もゆかりもなく、遠い美濃の人々を水害の苦しみから救済する義務はないかもしれないが、美濃も薩摩も同じ日本である。幕府の無理難題と思えば腹が立つが、同胞の難儀を救うのは人間の本分である。耐え難きを耐えて、この難工事を成し遂げるなら、御家安泰の基になるばかりでなく、薩摩武士の名誉を高めて、その名を末永く後世に残すことができるのではないか」、「幕府と戦になれば、薩摩の地は戦場になる。そうなれば、罪のないわが領地の百姓達が沢山死ぬ。治水工事を請ければ、美濃の百姓達は死なずに安泰に暮らせて、仁義の道にも添うことになり、ひいては御家繁栄に繋がるのだ。」と、皆を説得したのです。

藩主も平田の意見に賛同し、藩士も説き伏せて藩内の強硬派の矛を収めさせた薩摩藩は、工事を引き受けました。工事にあたっては、幕府からは「内容は現場で指示する。工費は十四万両程度を工面するように」とだけ言われ、詳細は何もわからないまま、命令だけが下りてきました。

一両を六万円と換算しても、およそ八十四億円の支出になる計算です。当時すでに六十六万両の借り入れがあり赤字で経営していた藩では、「いかにして工費を作るか」が一番の問題でした。

藩では、藩債や献納金を募集し、小額な金までも集められる物はすべて集め、その上、美濃へ向かう途中の大坂に老中の平田が残り、砂糖を担保に七万両もの借金をして資金を作りました。この外にも、藩費節約令を出し、工事の終わり頃には人頭税七倍、牛馬税三倍、船税五十倍となり、藩士の給与は大幅に引き下げられたのです。薩摩の人々が、相当な困難に耐えたのは想像に難くありません。

工事に携わった薩摩藩士は総勢九百四十七名。彼らは、幕府から派遣されてきた役人のあからさまな工事妨害工作や、草履《ぞうり》や蓑《みの》などの必需品の販売規制、さらに重労働にもかかわらず「酒や魚は不要、馳走《ちそう》がましいものを出すな」との命令で、一汁一菜の食事の規制をされるなど、これでもかと圧力をかけられながら辛《つら》い仕事にあたりました。（要するに、暴発を誘導し、不祥事を理由にお家取り潰《つぶ》しのきっかけが作れればしめたものということです）工事期間中には、抗議の割腹自殺をした者は記録で拾《ひろ》えるだけで六十一名に上《のぼ》りました。

しかし、現地責任者であった老中の平田は、抗議の割腹自殺となるとお家取り潰しになりかねないため、自害である旨は届け出ず、「病死とせよ」と指示します。皆、はるばる美濃まで、一千二百キロメートルの道のりを旅した仲間達です。兄弟家族の顔も知っている部下の藩士達が、次々と命を絶つ現場で、老中という職にあり、どんな苦悩だったか、想像に難くありません。

しかし、苦労を重ね重労働にあたる薩摩義士達は、更なる悲劇に見まわれます。八月には、炎天下の重労働と乏しい食事のため体力が落ちている所に赤痢が流行し、百五十七名が倒れ、三十二名が亡くなりました。
そこに若き藩主、島津重年《しげとし》は参勤交代の途中に現地を訪れ、藩士たちの労をねぎらいました。そのとき平田靱負は君臣に着工以来の難工事の様子や幕府役人のいやがらせ、疫病《えきびょう》の発生、工事の費用の件などを説明しました。君臣をはじめ家老らもこの事実におどろき涙されたといいます。そして藩士たちは、この藩主の訪問で元気を取り戻し、難工事に再び取り組むのでした。

私が大人になってから知ったのは、ここからなのですが……。

この工事期間中に、薩摩にいた二十六歳の若き藩主、島津重年は、藩士達の美濃での苦境を伝え聞き、
「自分の藩士達が必死になって遠く美濃の地で命がけで働いているのに、自分は安穏と郷里で仕事をしている。心だけでも彼らと共にありたい。財政も逼迫しているのに、自分だけ殿様の食事などできぬ」といって、彼らが帰ってくるまで、彼らと同じ一汁一菜の食事

を取り続けていたというのです。こんな主筋の家の当主だから、平田のような老中がいるし、藩士達も命をかけられたのだと思います。

最終的に、多くの犠牲を出して、宝暦治水事業は、宝暦四年（一七五四年）二月二十七日に鍬入《くわい》れ式、着工から僅《わず》か十五ヶ月後の宝暦五年（一七五五年）五月二十二日に完了しています。

工事概要は、
木曽川／木曽郡針盛山を源が発し川長　二百二十七キロメートル
長良川／高鷲村大日岳を源が発し川長　百六十六キロメートル
揖斐川／徳山村冠山を源が発し川長　百二十一キロメートル
この三川の安八郡墨俣付近～桑名市・愛知県弥富町まで堤防総延長百二十キロメートルの、堤防修復や堤防を新築するという前代未聞の工事を成し遂げたのでした。
総工費は藩をあげて集めた十二万両、大坂での借財二十二万両等を合わせ四十万両にもなりました。現在の金額に換算すると、推定二千四百億円以上になります。それに対し、幕府の支出は一万両にも足らずと伝えられています。

自分たちの地元に一切の利益はでないこの治水事業に、どれほどの労力をもって取り組んだのか……。

工事が完成したとき、役人が最終チェックの検分に来て、「日の本にこれほどまでの難工事成し遂げたものはない」と激賛したのでした。妨害工作を命じ、藩を崩壊させようとした幕府側の人間をもってして、史上最高といわしめたのです。

工事が終了した報告を薩摩に届けた老中の平田は、翌日、藩の財政を圧迫する巨額の借金を作ったことと、多くの犠牲者を出した責任を取って切腹しました。

辞世の句は、

住み馴れし　里も今更　名残にて
立ちぞ　わずらう　美濃の大牧

というもので、養老町・大牧の工事役館で東の日の出を拝み、西に向き割腹して果てたと伝わります。

苦境に耐えて、たったの十五ヶ月で、日本治水史上最大の難工事を成し遂げた彼らは、いったいどんな思いであったのでしょうか。藩や幕府の利害を超えて、広く日本の同朋の苦境を救わんがために力を尽くした老中・平田靱負《ゆきえ》。それにつき従い、腰の刀を鍬に持ち替えて難工事を成し遂げた薩摩義士たち。

この工事は、結果的には、河川の分離は完全には終わらず、一時は洪水が増えたりもしましたが、その功績は偉大で、後世明治の河川分離の工事の礎《いしずえ》となり、後の治水工事を完了させることができたのも、この宝暦治水の薩摩藩士の命を削った献身のおかげでした。

後に、この地には、切腹をして果てた老中・平田靱負を主祭神としてまつる「治水神社」が建立されました。

そして岐阜県の海津の堤防には、このとき幕府が薩摩から取り寄せて薩摩義士たちが植えた日向松の並木、「千本松原」があります。この松並木は土手の強化・防風林の役目を果たすとともに工事完成の記念として植えられたもので、今では樹齢二百年を超える立派な松並木になっています。

ちなみに、薩摩が背負っていた借金二百七十一万両は、幕府を一切あてにすることなく、砂糖と陶器、泡盛の製造・輸出によって二十余年をかけ返済されました。


とっても長くなってしまいましたが、堤防繋がりでご存じでない方にも是非知っていただきたく投稿させていただきます。

長々と、乱文・乱筆失礼いたしました。

参考になりましたら幸いでございます。

★ ★ ★

匿名希望でご投稿いただいた方、とっても丁寧な文章での投稿ありがとうございました。理不尽な要求を出した幕府、嫌がらせまで受け、抗議のための切腹者を六十一名も出しても、それでも工事を完成させた平田靱負、その平田靱負も、藩に迷惑をかけたと言って切腹して果てました。

昔は良い時代だった、という人がいます。なるほど、良い部分もいっぱいありました。けれど同時に、武士道も江戸社会も矛盾に満ちていました。戦前も戦後も、様々な理不尽や矛盾に満ちています。いつの時代も、誰もが様々な矛盾に満ちた社会の中に生きています。それ自体は、今も昔も同じです。

ただ、現代社会と日本の昔の有り様が異なるのは、今の日本では戦後教育の産物で、歴史を知らず、未来を考えず、「自分さえ良ければそれでいい」「今さえ良ければそれでいい」と考える人が、あまりにも増えすぎている、という点です。

矛盾に満ちていれば、逃げれば良いとする今の日本。

矛盾そのものに、命をかけて立ち向かっていった昔の日本。

どこまで逃げても、日本人に産まれた以上、どこまで行っても日本人です。ならば、みんなで、すこしでも住み良い日本にするために、立ちあがろうじゃないですか。私たちは日本人なのですから。

1―2　仏教と儒教と国学

江戸時代といいますと、儒教が盛んで仏教も大事にされていたと思っていらっしゃる方が多いことと思います。それは確かにその通りなのですが、少しだけ違うのは、そこに日本古来の神道の知恵がしっかりと流れていたという点です。

徳川幕府の開祖は徳川家康ですが、その家康が家臣の教育のために採用した人物が林羅山《はやしらざん》です。そして林羅山は、単に支那の儒教をありがたがる儒学者ではなく、根底に神道の知恵を置く、儒者としては異端児とされた人物であったのです。

林羅山は大変に優秀な人物で、二十代で京の都で儒学塾を開いています。ところが看板も、使っている教科書も、間違いなく儒学を教える塾のようなのですが、教えている内容は「儒教の言葉を使って国学を教える」というものでした。同じ言葉でも、捉え方次第で、まったく別な意味・解釈になります。もちろん林羅山のような教えは、朱子学にも陽明学にもありません。ですから林羅山の塾は儒学界で異端扱いされました。しかも当時は新しい学派を立てるためには勅許が必要だったのですが、勅許も得ずに捻じ曲げた儒教を教えているということで、林羅山は儒学界からの猛烈な非難にさらされていたのです。

ところが、どういうわけか林羅山は生徒さんに人気がある。家康は京の都でそんな林羅山の噂《うわさ》を聞きつけて、家康の屋敷に林羅山を招くのです。当時の家康は、すでに還暦を過ぎた爺さんです。その家康がわずか二十三歳の若者で、しかも世間からとんでもない奴だとされている若い林羅山を、わざわざ屋敷に招いて教えを請うたのです。

このとき林羅山は、「支那の儒教を、そのまま日本に導入しても、ろくなものにはなりません。ここは日本なのですから、日本の道を基礎として外来の儒教を考えていかなければなりません」といったことを家康に述べたといいます。これを聞いた家康は、膝を叩いてよろこび、「よくぞ申された。貴殿に徳川の学問をすべて任せましょう」と、その場で決めると、林羅山を江戸に招き、湯島になんと五千坪の土地を与えて羅山のための学問所を開かせるのです。

こうして生まれたのが湯島の学問所です。この学問所が江戸時代を通じて、徳川家の中心となる学問所となり、全国最高峰の学問所となり、明治に入って東京帝国大学と名前を変え、現在の東京大学に至っています。

家康がこうして儒教を導入しながらも日本古来の神道を大切にしてきた姿勢が、徳川御三家の所在地にも現れています。紀州藩は熊野を後背地に持つ神話の里であり、尾張は天叢雲剣《あめのむらくものつるぎ》を祀る聖地であり、水戸藩は、もともと日立が「日が立つ」で、かつては高天原の所在地であったとされていた所です。

いたずらに外国のものをありがたがるのではなく、日本古来の知恵を大切にしながら、その上に輸入学問によって知識を深める。日本古来の神道は、人が生きるための神への「道」です。儒教も仏教も、その道を歩むための「教え」です。

このことは大学などの受験にたとえると、わかりやすいかもしれません。受験には合格までの道があります。その道をまっすぐに歩むため、教科ごとに様々な教えをいただきます。これと同じです。

仏教では、お亡くなりになった方は、極楽浄土へと旅立つということになっています。だから旅装束をして、三途の川の渡し賃の六文銭と、魔除けの刀を胸に抱いて旅立ちます。神式の葬儀はこれと異なり、お亡くなりになった方は、家の守り神となり、郷里の守り神となり、国の守り神となり、護国の神様となっていくと考えられてきました。この考え方は、縄文以来のものです。

縄文時代の遺跡を見ると、集落の真ん中に墓地があるものがある。これは南方の島々と同じ習慣です。南方では埋葬する場所にバナナの木などが植えてあります。大きな戦があるという時にはバナナの実を、つまりご先祖たちの墓地に稔《みの》ったバナナをみんなでいただくことによって、ご先祖の知恵と勇気をいただく、そんな習慣がちょっと前まで残っていました。

日本では気候が違うので、バナナの木があったかどうかまではわかりませんが、縄文時代の集落の真ん中に、やっぱり同じように墓地があります。これは、生者と死者が共存していたことを表します。お亡くなりになった方は、家の守り神、村の守り神となって、ずっと家にいてくれていると考えられてきたのです。つまり死ぬと肉体は滅びるけれど、魂は神になる。これはとても大切なことで、自分が死んだあとに、子や孫たちから、「やっと死んでくれた」などと言われないように、子や孫たちから「神となってずっと私たちを護ってね」と言われるように、しっかりと生きる。だからこそ、亡くなったときには「神葬祭」といって、神になったことへの祭事《まつりごと》が行われるのです。神道のことを「かんながらの道」と言いますが、文字通り、死んで神様になるから、神様になるための道として「神道」という名が付いています。

そんな神様になるための道を、まっしぐらに進んでいくために、日本人は良い教えであればすべて受け入れます。だから、神道、神様になる道と書いて神道。仏教、仏の教え。儒教、儒の教え。ここに教えと道の違いがあります。そういう意味で、江戸時代における儒教も、あくまで「かんながらの道」をベースに置いています。だから、神社の中にお寺が置かれていたり、お寺の中に神社があったりします。全国のお祭りは、だいたい神社が主催ですが、おみこしにどんな神様がおいでになるのかなと思ったら、大日如来様ですなんてことがあるわけです。

明治に入って日本にキリスト教が再び入ってきました。後にはユダヤ教、ヒンズー教なども上陸しています。ヨガは、基本がヒンズー教です。お亡くなりになったら仏式でお葬式をあげるような普通の家が、お正月には神社に初詣に行くし、日常生活ではヨガの教えを一生懸命実践しようとしたりしています。日本人はそのことに対して、誰も違和感を持ちません。「ウチは浄土真宗なのだから、ヨガなんてとんでもない！」なんて人もみかけません。なぜかというと、もともと神様になる道を歩いているから。ヨガであれ、なんであれ、良い教えであればすべて受け入れているのです。逆に、教えとして受け入れているものに、あまりにも傾倒してしまったもの、いわゆる新興宗教みたいなものが、それにあたりますけども、そういうものに対しては「なんだか、おかしいよね」っていうふうに考えるのが日本人です。そしてこうした日本人の精神性が、完全に確立されたのが、江戸時代であったといえるわけです。

1—3　大名と殿様

あまり学校では教わらないことではあるのですが、大名と殿様は同義ではありません。大名というのは、基本的に十万石以上の殿様のことで、十万石以下は小名《しょうみょう》ではなく「殿様」と言いました。徳川家の直参旗本であれば、たとえ五十石取りでも殿様です。ですから全国の、たとえば四十万石くらいある大きな大名と、徳川家の直参旗本というのは、殿様として同格とされました。いやむしろ石高の少ない直参旗本のほうが家格が上とされていたのです。

大名という言葉が生まれたのは、室町時代のことです。その前の鎌倉時代は、相続方式が、現代日本と同じ、均等配分方式でした。ですから最初の初代の殿様が広大な土地を持っていたとしても、親父さんが亡くなって息子が跡を継ぐときには、息子が四人いれば土地が四等分されました。

その息子さんが亡くなり、その子、つまり初代から見た孫が四人いたら、相続財産は、四分の一のさらに四分の一になります。初代から見たら十六分の一です。その人がお亡くなりになると、またそれが子の数に細分化されるわけで、この方式ですと、初代がどんなに超広大な地所を持っていたとしても、七代目が相続する頃には、完全に丸裸になります。だから鎌倉時代の御家人というのは、鎌倉末期になっていきますと皆、貧乏になりました。皆、自分の土地だけではおまんまが食えないのですから、なんとかしなくちゃいけないということで、鎌倉の御家人が高利貸しから借金するようになりました。当時の借金というのはお金じゃなくて、お米で借金するわけです。お米で借金するから、お米で返す。でも返すお米がない。だから返すために別の所からお米を借りる。自転車操業になるわけです。

「御恩と奉公」ですが、「いざ鎌倉」というときに「お米ないから行けません」では話になりません。そこで鎌倉幕府は徳政令《とくせいれい》を出して借金を帳消しにするのですが、これはいまで言ったら幕府の自己破産です。破産したらもうお米を借りることができません。そこに大凶作が起こるのです。京の都でも五千人くらいが餓死してしまう。そこで後醍醐天皇が立ちあがって「こんなんじゃダメだ。鎌倉幕府にはもう政治を任せられない」ということで建武の新政が起こります。

要するに、土地があまりにも細かく分散され過ぎてしまったことが原因ですから、足利幕府を興した足利尊氏が、遠江の国とか、三河の国とか、尾張の国といった国単位に土地をまとめて、ひとりの大名主のもとに土地を統合するわけです。これはいまでいうなら、たとえば神奈川県全部の土地の所有者名義が、神奈川県知事ひとりになったようなものです。その土地を誰にどう配分するかっていうのは、大名主さんの裁量次第としたわけです。

田んぼは一反《いったん》で、四人家族一世帯が一年暮らすだけの米が穫れます。

「なに、土地が一反の半分しかねぇ？　おめえん家、家族何人いるんだ？」

「八人です」

「それじゃぁ飯が食えるわけねえなあ。だったら、そこらへんの土地全部で十反あるから、これを全部おめえの家の土地にしてやろう」という具合に、大名主さんが土地の再配分を実施するのです。この大名主のことを、短縮して「大名」と言います。

鎌倉幕府は、田んぼをどんどん分けていった。田んぼを分けていったために、皆が貧乏になった。だから「たわけ」です。「この、たわけ者めが！」のたわけです。足利将軍は土地を全部まとめました。田んぼを寄りあわせてまとめたから「田寄り」です。ここから「たより（頼り）になる」の「たより」が始まりました。

ところが、足利尊氏、あまりにも気前が良すぎてしまいました。将軍職というのは、幕府の運営に莫大な費用がかかるのです。ところが足利尊氏は、気前よく自分の土地までみんな分けてしまいましたから、足利幕府は超貧乏政権になってしまいました。困った三代目の将軍である足利義満が、日明貿易を始めて大儲けをして、幕府の財政再建を成功させています。日明貿易がどのくらい儲かったかと言うと、黄金の寺院である金閣寺が建てられたほどであったわけです。

そこまでは良かったのですが、このことが国内の価値観に影響を与えてしまいました。

日明貿易を始めた頃の明国は、まだ成立したばかりのときでした。たいへんに鼻息が荒い。そこで明国は「明国への朝貢国にしか交易は認めない」としていたのです。つまり明国皇帝に臣従しなければ、交易は許さないという。

けれど足利幕府は、財政に火が付いています。どうしても日明貿易を開始したい。なぜかというと、日本の製品を明国に持って行くと、値段が二十倍で売れるんです。そこで儲けたお金で明国で仏教の経典などを仕入れて日本に持ち帰ると、それがまた二十倍の値段で売れる。日本が買って来る物は、みんな火を着けて燃えたらなくなるような物ばかりだったのですが、要するに二十倍×二十倍で、なんと元手の四百倍になる。現代風にいえば、百万円の元手で明国まで一往復するだけで、四億円近く儲かるわけです。足利幕府は、これを独占的にやることで、幕府の財政は一気に好転したわけです。

ところが日明貿易をするにあたって「明国皇帝に朝貢する」ということは、日本が明国の属国になるということです。つまり明国が上位、日本が下という上下関係になります。けれど日本の朝廷は、聖徳太子の時代以降、支那の歴代王朝とずっと対等にやってきています。ずっと日本は独立路線なのです。当然、朝廷は明国への朝貢など結して認めない。朝貢するということは、我が国が明国の部下になるということだからです。

そこで困った足利幕府が何をしたかというと、「天皇はあくまでも日本の祭祀の長であって、日本の実質的な国王は、私でございます」とやったわけです。それで足利将軍が「日本国王」の印鑑を明国皇帝からもらう。そうなってくると、国内に混乱が起こるんです。日本のトップは天皇ではないのか？　将軍は、あくまでも天皇の部下じゃないですか。一番偉いのはあくまでも天皇です。将軍は天皇の部下でしかない。ところが明国に対してはその将軍が日本の国王だというわけです。

こうなると、何が正しいのかという世の中の秩序が混乱します。結局「力さえあれば何をやっても許されるのだ」という、おかしな価値観が広がることになります。明国の使者が日本にやってきたとき、将軍の元に朝廷からの使者もやってきます。天皇のお使いは、当然のことながら将軍よりも上座です。ところが対外的には将軍は日本国王だというのです。明国の使者が見ている前で、将軍が勅使にへへーと頭を下げるわけにいかない。そこで天皇の使者がやって来ても、将軍が上座に立つという悪しき習慣が、このときに生まれるのです。実はこのことが後年、赤穂義士の話に波及していきます。このお話は第二章で詳しくします。

要するに、ここから「力さえあれば何をやっても許される」という、悪しき習慣が生まれるわけです。国主がろくでもない能無しだったら、俺の方が能力あるのだから下剋上するということも、当然のようになっていくのです。そこに震災が度重なることで、世は戦国時代へと突入していきました。

戦国時代というのは、力さえあれば何をやっても構わないという時代です。「あの土地欲しいんだよな、でも貴族の土地なんだよな。貴族の野郎なんか、何百年前からずっとあの土地持っていやがって何にもしてないじゃないか。おらっちが仕切ってやったら、収穫が倍になるぜ。貴族の荘園だろうが、関係ないや。今日からおらっちの土地だ！　貴族が文句言ってくる？　ふざけるな！　こっちには武力があるんだ」というようなことが起こってくる。このように価値観が混乱した時代が、実は戦国時代となりました。

ついでに申し上げますと、戦国時代は百年あるんですけど、この百年の間、お伊勢様の式年遷宮に国からお金が出せませんでした。それまでずっと、式年遷宮には国がお金を出していました。もちろん民衆からの寄付もありますけど、圧倒的に資金を出していたのは、かつては朝廷であり、武家政権になってからは各時代の将軍家が式年遷宮の費用を出していたのです。江戸時代においては、徳川家が式年遷宮の資金を出していました。

我が国の歴史を通じて、式年遷宮の費用が国費をもって賄われなかった時代は二回だけです。ひとつは百年続いた戦国の時代、もうひとつは終戦後の日本です。ということは、現代日本というのは、戦国時代とまったく同じに、価値観が崩れた時代ということです。

このような流れで価値観が乱れた戦国時代となり、その戦国時代を終わらせて行ったのが、信長、秀吉、家康の時代です。そして江戸時代の「大名」という制度につながっていくのです。大名が治めている土地のことを「知行地《ちぎょうち》」といいます。知行地とは「知《し》らすを行う地」という意味です。「知らす」というのは、天子様、つまり天皇がすべてを知る土地にある天皇の大御宝《おおみたから》である民衆が、豊かに安全に安心して暮らせるようにしていく社会システムのことです。

このことは徳川家の旗本さんたち、殿様と呼ばれた直参旗本さんたちも、まったく同じです。直参旗本であれば知行地を持っています。その土地の人々が、豊かで安心して、安全に暮らせるように全力を尽くすのが殿様の役割です。

武士には有足《ゆうそく》と無足《むそく》という二つの種類があります。知行地を持つ武士が有足、知行地を持たずに殿様から俸禄をもらっている武士が無足です。無足の武士と有足の武士では、有足の武士の方が圧倒的に格上になります。なぜなら俸禄をもらっている武士は、自分の生活を営むだけです。けれど有足武士の場合、土地とそこに住んでいる人々を抱えていますから、もし知行地が天然の災害にあって土地も、田んぼも、畑も皆流されてしまったようなときには、知行地に住む人々の生活の一切の面倒を見なければならない。昔は「責任の大きさ＝位の高さ」でしたから、責任の大きい人の方が格が上になったのです。

こうしたことから、全国の殿様と呼ばれた人たちは、基本的に自分自身への欲を持ってはいけないということになっていました。自分ではなく、あくまで人々の生活に責任を持っているのです。優先するのは民衆の暮らしであって、自分のことではない。ですから殿様というのは、食べ物の好き嫌いを言うこともできません。目の前に出されている料理は、お百姓さんたちが精魂込めて作ったお米でありお野菜なのです。それを「僕、嫌い」と言って食べないのは、お百姓さんたちが一生懸命に作ってくれた恩を忘れた言葉です。だから「そんなことで殿様が務まりますか！」と叱られたのです。よく「世は満足じゃ」と言いますが、それは自分が「美味しく感じて満足したということではなくて、これだけ美味しいお野菜なら、「きっと世の人々も満足するであろう」という言葉なのです。

1―4　生類憐れみの令

江戸時代のお触れで、格別有名なものといえば「生類憐《しょうるいあわ》れみの令」でしょう。この令を出した将軍綱吉公は「犬公方《いぬくぼう》」と呼ばれて、江戸の庶民からバカにされていたのだ、などという話もよく耳にします。学校でもそのように教わった方が多いのではないでしょうか。

ところが「生類憐れみの令」は、綱吉公のあと徳川幕府が終わるまで、ほとんど毎年のように出され続けた令です。ずっと代々の将軍に受け継がれていったのです。つまり犬公方は綱吉公だけではなかったのです。幕末まで続くのです。

どういうことかといいますと、実は将軍綱吉の時代というのは、これはまだまだ戦国の気風が少なからず世に残っていた時代です。武士は常に腰に刀を差しています。世の中にはいろんな人がいますから、なかには酔って気が大きくなって、「お前の言うことは許せない！」とばかり刀を抜いてしまうような事件も、結構な頻度で起きたりしていたのです。武家政権の時代です。武家が尊敬されこそすれ、ただの暴力装置になってしまっては、武家政権の意味がありません。そこで徳川幕府は、武士が髭《ひげ》を生やすことを禁じたり、槍を持って街中を歩くことを禁じたりと、いろんなことをやっていたのです。それでも刃傷沙汰《にんじょうざた》が終わらない。そこで考えに考えて出されたのが「生類憐れみの令」なのです。犬さえも殺したらいけないのです。まして人間なら、なおさらのことです。

人を斬って命を奪うということは、その人のすべてを奪うことになります。武士であれば、世の中の歪《ゆが》みを正すために刀を抜かなければならない時もあるものです。目の前で悪事が行われていれば、それを一刀両断のもとに斬って捨てるというのは、これは武士として当然の責務です。けれどそれによって、たとえ悪事を働いていた人とはいっても、人の命を奪うことになるのです。なので、武士はもう一本短い方の刀を腰に差し、長い方の刀で人を斬ったら、今度は短い方の刀で自分の腹を斬る。不正を正したということと、人の命を奪ったということは、これはまた別の問題なのです。人の命を奪ったならば、自らもちゃんと腹を斬る。これが武士の心得《こころえ》である、とされたのです。そしてそういう文化を完全に国内に定着させたのが「生類憐れみの令」であったのです。

同じようなものに、武士には「斬捨御免《きりすてごめん》が許されていた」というものがあります。これも同じ意味です。目の前で不正があれば、その不正を正すために刀を抜きます。ただし相手が武士であれ町人であれお百姓であれ、人の命を奪ったのなら、もう一本の短い刀で自分の腹を斬る。これが武士の責任の取り方とされたのです。

たとえばお奉行というのは、担当地域のありとあらゆることに責任を持つ存在でした。たとえば、川崎の町奉行であれば、川崎管内で起きたあらゆる事件対策が奉行の責任です。しばらく前に川崎で中一生徒殺害事件というのがありました。大変残念な事件でしたが、もし江戸時代に同じような事件が起こったならば、川崎の町奉行は間違いなく切腹です。なぜかというと、川崎の町奉行であれば川崎の町の治安すべてについて責任を負っているのです。そのためにありとあらゆる権限が与えられています。そして権限があるということは、当然、それに見合った責任が生ずるというのが、江戸時代の日本の考え方です。そうであれば中一生徒殺害という残念な事件が起きたならば、その責任の一切は奉行にある。これは当然です。責任と権限はセットだからです。当然、奉行は責任をとって腹を斬らなければならない。

奉行が「いや、腹を斬る前に誰が下手人だったのか。下手人を捕まえるまでは、腹を斬ることはできませぬ」などと調子のいいことを言って、自ら腹を斬ることを先延ばししていると、江戸表から将軍の使いがやってきます。そして「上意でござる、腹を召《め》されよ」とやる。この場合、奉行は、お上の手を煩《わずら》わせたことになりますから、奉行の切腹だけではなく、奉行の家自体がお取り潰しです。明日から、女房も子供も一族郎党、全部路頭《ろとう》に迷うことになります。お上の手を煩わせることなく、奉行が最初から自分で腹を斬れば、奉行の家は安泰です。だから、息子さんが奉行の跡を継いで川崎の町奉行に就任します。厳しかったのです。

命のあるもののすべてが尊い存在です。けれど尊い存在だからといって、不正を働くものを野放しにしたり、目の前の悪事を放置しておくことは世の乱れのもとです。それどころか平気で弱い者を食い物にするとんでもない奴が現れるものです。それを許したら世の秩序が乱れます。武士は、そのために二本差しが許されているのです。つまり特別な権限が与えられている。特別な権限が与えられているということは、特別な責任も負っていたのです。そしてこのことを世に徹底させたのが、「生類憐れみの令」であったのです。残念なことに近年の多くの学者さんたちが、この「権限と責任」という視点を見失っています。

先ほどの川崎の中一生徒殺害事件でいえば、事件の責任をとって川崎の市長が辞任したのか、川崎警察署の署長が辞任したのか、学校の先生や校長が責任をとったのか。本来、こうした事件が起こることを防ぐ役割を持つ人の誰も責任を取っていません。もちろん責任は下手人となった加害者の少年たちにあるのは事実です。けれどもそれは事件そのものへの責任追及であって、事件が起こらないようにする責任に関しては、誰も責任をとっていないのです。それで良いのでしょうか?

「生類憐れみの令は」、そうしたことへの責任を明確にした政策です。だから庶民は、幕府の行う政治に圧倒的な信頼感を持つに至ったのです。徳川政権が倒れて百五十年。いまではすっかり政治不信の時代となりましたが、それでも多くの日本人は、政治は信頼すべきものと思っています。それは徳川二百六十年の政治への信頼が生み出したものといえるのです。

1―5　上杉鷹山と鯉の飼育（各藩の産業育成）

鯉《こい》といえば錦鯉《にしきごい》ばかりに注目が集まりますが、錦鯉は改良種で、その元になった淡水魚が野鯉《のごい》です。野鯉は世界中の河川や湖に分布していて、もちろん日本にも存在していた淡水魚なのですが、どういうわけか近年、「日本の鯉は中国から輸入されたのだ」という誤った説がまかり通るようになっています。けれど日本の、六千四百三十万年前から二百六十万年前の地層である第三紀地層から鯉の化石が発見され、鯉は輸入魚ではなく、日本の古生種であることが明確になりました。

その野鯉から、あの美しい錦鯉をつくったのも日本です。そしてこの錦鯉の誕生には、江戸時代の上杉鷹山《うえすぎようざん》が関係しています。鷹山の上杉家は、もともと新潟の上杉謙信を祖とし、江戸時代に山形県の米沢へと改易《かいえき》になっています。藩の収入が激減しても、藩士の数が減るわけではありません。上杉の米沢藩は財政がとても苦しくなっていたのですが、このときに藩主の上杉鷹山が奨励したのが「鯉の養殖」であったのです。

上杉鷹山は、福島県の相馬藩から鯉の稚魚を取り寄せ、各家庭で鯉を飼うことを奨励しました。鯉は淡水魚ですから、台所脇の小さな溜めで育てることができます。すこし説明が必要です。いまでは台所などからの排水は下水管に流すようになっています。これは現代になり化学合成洗剤などが使われるようになった結果です。江戸の昔は、多くの家庭で排水は、台所の外側の地面に舛《ます》を作って、そこに流したのです。舛に溜まった排水は、徐々に地面に吸い込まれていきます。昔は化学薬品など存在せず、単純に有機物の排水ですから、そのまま地面に吸い込ませることで、その排水が地下水となり、地下で濾過《ろか》されて、再利用が可能になったのです。要するに何もかもが循環型であったわけです。

上杉鷹山が行ったことは、その台所の排水舛《はいすいます》で、鯉を飼うことです。舛には食事のあとの残飯が流れてきます。それがそのまま鯉の餌になるのです。舛の中で鯉はまるまると太って大きく育ち、その鯉が、雪に閉ざされた長い冬を越す人々の貴重なタンパク源となり、また凶作や災害時の非常食にもなり、妊婦の栄養食にもなりました。それに飼っているとそれなりに可愛いというわけで、鯉の養殖一石が二鳥にも三鳥にもなったのです。おかげで上杉藩では、またたく間に鯉の養殖が広がって行きました。

こうなるとある法則が働くのです。これが面白い。どういうことかというと、「全体のレベルが上がると、必ず突出したものが現れる」のです。

このことは、偏差値四十五の高校が偏差値五十五に向上すると、七十以上の偏差値を持つ秀才が必ず現れるといったことや、政治が真に国民の利益になるような政治になろうとするとき、有権者の民度が上がれば、必然的に政治が戦略化して国の内外に向けた政治レベルが向上し、さらには傑出した政治家が現れるといったことにもつながります。

要するに米沢藩のほぼ全戸で鯉の養殖が行われるようになったことで、その中から、ときに様々な色合いを持つ鯉が生まれるようになったのです。すると、その鯉を掛け合わせて、さらに美しい鯉が生まれる。実はこうして様々な色合いを持つ錦鯉が生まれたのです。近年、テレビなどで「錦鯉は中国の生まれ」などと誤った宣伝がなされているのは、とても残念なことです。中国では無理なのです。なぜなら先に食べてしまうからです。

ちなみに鯉について、日本書紀の景行天皇紀に短い挿話があります。非常に象徴的な記述になっていますのでご紹介します。

景行天皇御即位四年のこと。景行天皇が美濃（岐阜県）に行幸されて、そこで弟媛《おとひめ》という美女の噂を聞きつけます。さっそく娶《めと》ろうとして訪問するのだけれど、弟媛は竹林に隠れてしまう。そこで景行天皇は、一計を案じて、朝夕に池に鯉を放して遊ばれます。すると、その様子を一目見ようと弟媛が景行天皇の前に現れる。そこで「あなたを私の妻にしたい」と仰《おっしゃ》るのだけれど、弟媛は「自分より姉の方が美人ですから」と景行天皇の求婚を拒《こば》みます。景行天皇は、その拒否を受け入れて、姉の八坂の入媛《いりひめ》を娶《めと》られ、七男六女の子をもうけられた、というお話です。

この物語で、実は鯉が、たいへんに象徴的なものとして登場しています。というのは先ほども述べましたように、鯉は古来、妊婦にとっての重要な栄養源とされてきたのです。つまり景行天皇が鯉で遊んだ（鯉を飼った）ということは「妊婦に十分な栄養をつけさせる」という意味になるのです。そこで弟媛は、「ああ、妊娠中の奥さんがいるんだな」と安心して竹林から出てくる。ところがいざ景行天皇に会ってみると「お前を妻に欲しいのだ」となるわけです。

ここで弟媛は、

「自分は性的なことは好きじゃなく、久之不堪陪於掖庭《ひさしくにはのつかへにたへず》」と述べたと記録されています。

「庭の仕えに堪えず」というのは、意訳すれば「たとえ天皇様とはいえ、あなたの家の庭の脇で付き従うこと（天皇の妻になること）に、私はきっと堪《た》えられないことでしょう」といった意味です。要するに、若い娘さんが、なんと天皇の求愛をものの見事にフッたわけです。ただし「姉は美人だし、心も美しいので、後宮に入れるように話してみられたらいかがですか?」というわけです。

景行天皇もまた、「そういうことなら」と、弟媛をあっさりとあきらめて姉を求めることになるのですが、その姉にしても、本人が嫌だといえば、それっきりのことであることは、弟媛の場合と同じです。姉は景行天皇の求愛を受け入れて妻となるのですが、七男六女をもうけたということは、どれだけ景行天皇が姉の入媛を生涯愛し続けたかわかります。

いえることは、我が国では、王よりも上位におわす天皇であっても、相手の女性の気持ちを慮《おもんぱか》って、妻を得ていたという事実です。古代においては、世界中どこでも権力者にとって、女性は所有物です。言うことを聞かなければ殺される。女性がただのモノとして扱われてきたのが、世界の常識であったといえます。ところが日本では、イザナキ、イザナミの時代から男女は対等。神々であっても対等なのですから、人間界の身分の差など関係ない。男女対等が優先するのです。ですからどれだけ強い権力を持っていたとしても、女性の同意を得ずに性交に及ぶことがあってはならないこととされてきたのです。そして女性は大切な国の宝であり、神々と直接つながることができるのも、女性のみに与えられた特権と考えられてきたのです。

ちなみに我が国で、恋のことを「こい」と呼ぶようになったのは、この景行天皇の鯉の逸話がもとになっているのだとか。恋は対等！　あたりまえのことですが、とっても素敵なことですね。

1―6　江戸の水道井戸

江戸を舞台にした時代劇に登場する長屋の井戸端シーン。おばちゃんたちが、その井戸を囲んで井戸端会議や洗濯をしたり、江戸の剣術道場では、稽古を終えた塾生たちが、井戸で頭から水をかぶったりと、江戸の井戸は大活躍です。普通は井戸といえば、地面に穴を掘って地下水を汲《く》み出すものです。ところが江戸の井戸は、地下水ではなく、水道水を汲みあげていました。

江戸は海に面した低湿地なので、井戸を掘っても良い地下水が出ません。けれど生活に真水は欠かせないということで、江戸では奥多摩の方からきれいな水を引っ張ってきていたのです。これが玉川上水、神田上水などの上水で、こうして青天井の人造河川を流れてきた水を、江戸市中で地下に設営した水道管に流し、その水道管の水を、各長屋などで、井戸を用いて汲み出して使っていました。

ちなみに現代の水道は、蛇口をひねると勢いよく水が出ますが、これは加圧式水道といって、水に圧力をかけて流していることによります。江戸の水道は「自然流下式」といって、地下にある石や木、あるいは竹でできた水道管に水を流します。その水道管から「水道舛」あるいは「水道井戸」と呼ばれる地上への穴（江戸の街中の長屋などにある、アノ井戸です）に水を流して、ここから竹竿の先に桶をつけたつるべを下ろして水を汲み上げ生活用水にしていたのです。

こうしてできた江戸の水道井戸は、江戸時代の中期頃には江戸市中にほぼ二十～三十メートル四方に一か所の割合で設置されていました。「水道井戸」に水を分配するための地下水道は、なんと総延長が百五十キロメートルにも達しています。これは当時にあって、文句なしに世界一の規模です。

江戸時代の江戸の人口は二百五十万人で、同時代のロンドンやパリの人口が五十万人。江戸は人口も世界一なら、はりめぐらされた地下水道の規模も世界一、そして水道井戸の数も世界一だったのです。江戸っ子にとって「おいらは江戸の水道井戸で産湯《うぶゆ》を使った江戸っ子よっ！」てのが自慢になったのも頷《うなず》けます。

いまでは「水道」といえば、水道局で浄化した水が、そのまますぐに地下を走る水道管を通って各家庭に分配されます。けれど江戸時代の「水道」は、青天井の河川で遠く奥多摩や吉祥寺の方から水を引いていました。水面が地表に露出したこの川が「上水」です。江戸で最初に造られた「上水」が小石川上水で、天正十八年（一五九〇年）、徳川家康が江戸に移封になった年に築かれました。

家康が関東入りした当時の江戸は、大湿地でまったくの寒村です。ほとんどの土地が満潮になると海水に浸かり、干潮のときには干潟になる。海岸線は江戸城大手門近くまで迫っていたし、現在の日比谷公園・皇居外苑のあたりは日比谷入江と呼ばれる浅海でした。東京といえば、浅草の雷門がイメージされますが、その浅草は麻がいっぱい生えて海に浮かぶ小島でした。西側は、武蔵野台地が果てしなく拡がり、東側は干潟と小島。江戸はそんな場所だったのです。

干潟では井戸を掘っても、その水質は海水混じりで塩分が強くて飲めません。飲み水がなければ、家康は大勢の家臣団を居住させることができませんから、家康が家臣の大久保藤五郎に命じて築造させたのが小石川上水であったわけです。小石川上水は井ノ頭池を水源とする湧き水を、関口村（現在の文京区）に築いた大洗堰《おおあらいせき》まで引いてきて、神田・日本橋方面に給水するという施設でした。いま地図を見ると、渋谷から吉祥寺に向けてほぼ一直線の道路（水道道路）があります。この道路が当時の水道の跡《あと》です。

さらに江戸の人口の増加に合わせて、赤坂の溜池を水源とする溜池上水も江戸の西南部に造られ、この二つの水道が完全に整ったのが三代将軍家光の時代の慶安四年（一六五一年）のことです。

江戸の人口はその後も増加の一途をたどります。こうなると二上水だけでは、増大する水の需要を賄いきれません。そこで幕府が行ったのが承応元年（一六五二年）の玉川上水の建造で、これは江戸の西を流れる多摩川の水を江戸に引き入れようとする壮大な事業となりました。

玉川上水の計画は、町人からの提案でした。提案者は庄右衛門、清右衛門という市井の一兄弟で、幕府はこの二名から出された設計書に基づき、幕府内部での検討ならびに実地踏査を行い、工事の総責任者（総奉行）として老中松平伊豆守信綱を任命して工事を開始しました。工事監督は提案者である庄右衛門、清右衛門兄弟です。こうして承応二年（一六五三年）四月から同年十一月までのわずか八ヶ月で羽村取水口から四谷大木戸まで築かれたのが、玉川上水です。距離およそ四十三キロメートル、高低差は約九十二メートルです。羽村からいくつかの段丘を這い上がるようにして、武蔵野台地の稜線に至り、そこから尾根筋を巧みに引き回して四谷大木戸まで到達する自然流下式による導水でした。

玉川上水開設から三年後に江戸で起きた大事件が、明暦三年（一六五七年）の明暦《めいれき》の大火《たいか》です。江戸は「火事と喧嘩は江戸の華」というくらい火事が多かった町でしたが、幕府は火災の都度、江戸の町並みをただ復旧させるのではなく、災害に強く暮らしやすい街への再開発を行っています。そしてこの明暦の大火をきっかけに行われたのが、万治・寛文年間（一六五八〜一六七三年）の亀有上水、青山上水、三田上水の開設となり、元禄九年（一六九六年）の千川上水の開設となりました。

亀有上水は、中川を水源とし、本所・深川方面に給水しました。それ以外の三上水は、玉川を起点とし、青山上水は麻布・六本木・飯倉方面に、三田上水は三田・芝方面に、千川上水は本郷・浅草方面にそれぞれ給水しました。こうして元禄から享保にかけて、江戸は六系統の上水によって潤されることになったのですが、八代将軍吉宗のとき、亀有・青山・三田・千川の四上水が廃止になります。これは当時儒官であった室鳩巣《むろきゅうそう》が、風水によって、「江戸の大火は地脈を分断する水道が原因であり、上水はやむを得ない所を除き廃止すべきである」と提言したことによるといわれています。

こうして江戸時代の後半は、神田上水と玉川上水が二百五十万人が住む江戸の暮らしを支えることになりました。そしてこの二上水が江戸から明治、大正、昭和、そして平成にと流れ続けています。

ちなみに江戸の水道では、水質、水量管理もされています。「水番人」という制度があり、上水を常時見回ってゴミを除去して水質を保っていました……とこのように申し上げると「さぞかしゴミの投棄が多かったのでは」と誤解されそうですが、水番人が行う水路のゴミ除去というのは、水路に湧く糸ミミズ等の虫の除去や、枯れ葉や落ち葉、木の枝などの自然物の除去であって、人間が捨てる生活ゴミではありません。ここが誤解を生みやすいところなのですが、江戸の水道は、青天井の川ですから、近所の小川と同じです。いまでも神田川などは青天井で水面が露出していますが、近年問題になるのは、そんな川への人の生活ゴミの不法投棄です。なんと生ゴミから、食べかけのコンビニの弁当箱に、空き缶、タバコの吸殻、コンドーム、ときにはバイクまで捨ててあるのだそうです。そこに化学合成洗剤が流されるために、川の汚れはヘドロとなり、川の水が真っ黒に濁り、川底はヌルヌルになっているのが、現代の都会の河川です。

ところが江戸時代の川には、まず化学合成洗剤が流されません。流れるのは有機物だけです。また川の水はそのまま飲み水となるため、川を汚さない、川にゴミを捨てないのは、完全に庶民の間での常識でした。このためほんの百年前までは、東京の隅田川も神田川も多摩川も清流が流れ、川底もヌルヌルなんてことはなかったし、ヘドロの蓄積もまったくありませんでした。夏には子供が泳げたし、川魚を釣ることができたし、その魚を食べることも普通にできたのです。江戸の庶民にとって川は貴重な飲料水の水源ですから、川にゴミを捨てるとか、川に向けて立ち小便する、あるいは痰や唾を吐く、川を下水に使うなど、まったく考えもつかないことであったのです。

川をきれいに保つために、現代なら法律でゴミ投棄を禁ずるといったことが行われますが、江戸時代には、そのようなお触れが出されることさえもありませんでした。そういうことは法で規制することではないからです。規制すれば、見つからなければ、捕まりさえしなければ、何をやっても良いという者が必ず現れます。すると水が汚れるのです。

科学用語に「相転移《そうてんい》」というものがあります。これは冷凍庫に入れた水が氷になったり、温めると沸騰して水蒸気になるように、同じ物質が置かれた状況によって様態が変わる現象のことを言うのですが、人文用語にも相転移という用語が用いられることがあります。それは「人々をひとつの方向に誘導すると、必ずその反対側に向かう者が現れる」ということを言います。「水を汚すな、川を汚すな」と法で規制をかければ、必ず相転移の法則が働いて、法の裏をかいて水を汚したり、川を汚したりする者が現れるのです。江戸時代は、それがわかるから、幕府は水質保護の法さえ作っていません。そうではなく、川の水を汚さないことを「江戸庶民の常識」にしたのです。

江戸の吉原は、周囲を水路に囲まれた疎開地だったところですが、その周囲の水路は「お歯黒溝《はぐろどぶ》」と呼ばれていました。「どぶ」という用語が使われているから「まるでお歯黒のように水が汚れて真っ黒だったのだ」などと解説しているものをときどき見かけますが、まったくの誤りです。そこもやはり子供が水遊びできるほど、きれいな水が流れる「どぶ」であったのです。それほどまでに、人々の間では、水を汚さない、川を汚さないことが常識だったのです。

ではもし万一、江戸時代に川にゴミを捨てたらどうなるのでしょうか。誰が捨てたかわからないけれど、どうやらあの人が怪しいというだけで、その人が番所にしょっ引かれました。実際にゴミを捨てていなくても、捨てたのではないかと疑われただけで、奉行所に連れて行かれれば百叩き、あるいは遠島となりました。また、奉行所で処罰されるような者が長屋からひとりでも出れば、長屋は、建物ごと全部お取り潰し、長屋の主《あるじ》も遠島です。実際にそのような刑を受ける者はいなかったし、そのような法律もなかったけれど、もし万一奉行所に突き出されるような事態となれば、それだけで「お上《かみ》の手を煩わせた」ことで厳罰に処せられたし、ひとたび遠島となれば、腕に入れ墨を入れられて、もはや普通の人としての生活は一生できなくなり、非人《ひにん》（前科のある人のこと）となって、非人部落でしか生きることが許されないという、とんでもなく悲惨な生活が生涯にわたって待っていたのです。「怪しいというだけ」でそこまでの事態になるというのでは、冤罪の問題をどう解決するのだ、と思われる方もおいでかと思います。けれど冤罪《えんざい》であっても処罰の対象となるということですと、結果として、人々は自衛のために、つまらないことをしないことが大事となるのです。これを一罰百戒《いちばつひゃっかい》と言います。実際にそのような刑に処せられる人はいなかったけれど、もし川にゴミを捨てて、奉行所が出張《でば》る事態となれば、そういうことになるとされていました。だから道端にゴミを捨てる、飲料水となる川にゴミを捨てるなどということは、一般庶民の間では、考えもつかないことだったのです。

また水道には「取水番人」が、取水口に常時はりついていました。上流が豪雨の時は水門を閉じて濁り水を川に還流させたり、日照り続きになると、給水制限をしたりもしています。

さて、江戸市中に青天井の上水で引き込んだ水は、今度は石樋《せきひ》と呼ばれる石でできた水道管で、江戸の市中の地下に引き込まれました。そして石樋から木樋《もくひ》を使って支流とし、さらに竹でできた竹樋《たけひ》を使うことで、江戸市中にくまなく水を分配し、分配された水を「水道井戸」で受けて、これをみんなで使っていました。これは要するに、水の水位が常に一定であるという仕組みを使って、水道井戸に水を流し込むという仕組みです。

しかしこれは、考えてみるとたいへん危険なことです。もし誰かが、上手の方にある水道井戸に毒を入れたら、その毒は下流の家庭全部に回ってしまうからです。地表に露出した水道なら、ある程度は管理できたとしても、地下では誰にも見えません。

そこでたとえば小石川上水なら、河川から小石川まで引いた水を、まず小石川の庭園の池に引き込み、その池で鯉を飼うことで、水の安全を確認し、安全な状態なら、そのまま水を流す。鯉に万一のことがあれば、水門を閉じ、緊急に備えるなどの配慮がされていました。

先ほど述べた通り、江戸の人口は二百〜二百五十万人です。それだけの人がいたら、中には頭のおかしなヤツがいたとしてもおかしくはありません。けれど江戸時代を通じ、そのようなバカ者は誰ひとりいなかったのです。江戸社会は、それほどまでに治安がよく、誰ひとりバカなことを考える者のいない社会だったのです。

江戸の治安を守る奉行所は、いまでいう警察ですが、南北両町奉行所合わせて与力が五十騎、同心が二百四十人です。これは今風にいうなら、治安を預かる警察職員が、江戸二百五十万の人口に対して、たった二百四十人だということです。このことだけでも驚きですが、実際には南北の奉行所は月割の輪番制です。一ヶ月南町奉行所が稼働したら、その間の北町奉行所はお休みです。つまり片方の奉行所にいる同心は百二十人。しかもこのなかで刑事事案を取り調べる同心は、わずか六名だけです。いまでいうなら、検察庁の検事だけで、東京全都の治安維持を図ったのです。
ちなみに、いまの東京の警視庁警察官の職員数は四万五千人です。これだけの警察官がいても、犯罪が後を絶ちません。いまの東京で、水道を江戸時代と同じ「自然流下式」になどしたら、恐ろしすぎて生活できません。

同じ日本なのに、どうしてこのような違いが起きるのでしょうか。そこには現代日本人が忘れてしまった日本古来の「修理固成《つくりかためなせ》」という思考の存在の有無があります。「修理固成」というのは、ものづくりの精神を語る言葉です。現代日本人は、欧風文化の影響で、物は人が作っていると思い込んでいます。けれど日本では大昔の神話の時代から、すべての物は神々がお創りになったものだと考えられてきました。私たちが使う生活道具の一切は、机にしても椅子や鉛筆や針にしても、人間がゼロから作ったものなど、何ひとつありません。すべて神々がお創《つく》りになった木や鉱物などを、我々人間が生活に便利なように加工したものです。ですから実際には「ものづくり」とはいっても、それは神々がお創りになったものを、我々人間が使いやすいように修理して用いているだけです。だから「ものづくり」のことを「修理」と言いました。そしてそうやって作ったものは、もともとは神様がお創りになったものを、加工させていただいているのだから、より完成度の高いものへと創意工夫して「固め」て、より完成度の高いものに「成して」いく。だから「修理固成《つくりかためなせ》」です。我々日本人のものづくり精神の原点がここにあります。

世界では、自分のお金儲けのためにものづくりが行われます。そして神々がお創りになったものを加工して用いているだけなのに、それを自分たちが「作った、発明した」と勘違いしています。世界の様々なメーカーが、モノを作っても、結局は日本企業のものづくりに敵わない理由がここにあります。ただ儲けるために作り、ただ便利だから、かっこいいからと使って、要らなくなったら、ただ破棄するという社会構造と、すべてのものは神々のものであるとの基本認識に立ち、できる最大の力を振り絞ってより良いものへと修理し、さらに完成度を高めようと固成する。使うときもそれがもともとは神々のものであることを認識してありがたく使わせていただき、最後は感謝して神々にお返しできるようにしていく。

実は、水も同じです。水を作ったのは人間ではありません。神々が創られた水を、我々は用いさせていただいているのです。そして水路もまた、多くの人々が協力して築き上げたものです。それを利用させていただくのです。汚すなんてとんでもないことなのです。

神という概念自体、人が作ったものではないか、とおっしゃる方もおいでになります。そうかもしれないし、そうでないかもしれません。ただ、はっきりといえることは、たとえ人が作った概念であるにせよ、それによって人々がきれいな水をおいしくいただけることになるのなら、それこそが神々のよろこびであろうし、人々のよろこびであろうと思うのです。

1―7 【コラム】士農工商穢多非人

学校で、「昔は士農工商というのが、江戸時代の身分制度だ」と教えていました。最近では士農工商は、カースト制のようなものではない。農民が武士になったり、武士が農民になったりすることは普通に行われていたことで、江戸の士農工商はあくまでも職業分担、職業区分であると学校の教科書にも書かれるようになりました。実際、士農工商内での役割の入れ替えは普通に行われていて、農民出身者でご家老さんにまで出世する人もいましたし、そんな家老さんの娘さんと、殿様の息子さんが結婚して次の殿様が生まれるなんていうことも普通にありました。

そもそも士農工商という用語は、中国の古い時代の用語であって、もともとの我が国の言葉ではありません。中国では現代に至っても厳しい身分制度が残っていて、たとえ商売に成功した人物であってもあくまでも農民は農民、商人は商人という扱いがあったりします。

これに対して我が国では、士農工商とは言うけれど、実際のところは武士と町人と農民でありながら、用語だけは士農工商が用いられました。これは中国の言葉をそのまま借用したものであるにすぎません。中国と日本では、まず社会の基本的な構造が違うのです。

たとえば所得について、日本では古い昔から、所得は世帯が単位です。個人の所得という概念自体がありません。武家であれば、その俸禄（給料のこと）は世帯に払われるものでした。たとえばテレビで大ヒットした必殺シリーズで藤田まことさんが演じた中村主水の俸禄は三十俵二人扶持《ぶち》です。この俸禄は奉行所で働く中村主水の所得ではありません。中村家の所得とされていました。中村家には母がいて、その娘が中村主水の妻です。中村主水はお婿《むこ》さんという設定です。母の夫は他界していて、いまは家督を娘の夫婦が継いでいますから、中村家の所得の管理の一切は、妻が行います。つまり夫が働いた俸禄は、家にいる妻が全額受け取り、夫は妻から小遣いをもらいました。

現代社会では、旦那と奥さんが共稼ぎをしていれば、旦那の働いた給料は旦那の口座に振り込まれ、奥さんが外で働けば、奥さんの給料は奥さんの口座に入ります。こうなると子供の養育費をどっちが払うのか、家賃はどっちが払うんだと揉めてしまって、挙げ句が離婚に至ったりしていますが、もともとは日本の給料は家に入っていたのです。そして家に入った給料の管理は全部、奥方の役割でした。働くのは旦那、稼ぎの管理は全部妻というようになっていたわけです。

給料は家に支払われる。家が単位で世の中が動いていくわけですから、その世帯が二代、三代とずっと続いていくことが大事にされました。武家の場合ですと、跡継ぎがいなければ家が絶えます。すると一族郎党、全員路頭に迷うことになります。だから家の血を絶やさないということが大事にされたのです。

武家の家督《かとく》（家の所得）は長男が相続しますが、昔は幼児がよく死にました。産まれてきた子が成人できる確率は、およそ五割で、これは日本だけではなくて世界中どこも同じでした。近年の子供がほぼ百パーセント成人できるのは、この半世紀くらいになってからのことでしかありません。昭和の中頃までは子供は半数が死んだのです。筆者の父は四人兄弟でしたが、長男坊の父と末弟が残っただけで、中の二人は中学校に上がる前に病気で死んでいます。だからやっと三歳になれた、五歳になった、七歳になったからもう安心だ、というわけで七五三のお祝いがされていたのです。

そういう具合でしたから、世帯を維持するためにはとにかく男の子をたくさん作るしかありませんでした。幕末の有名な大老の井伊直弼《いいなおすけ》は、井伊家の十四男坊ですが、直弼が家督を相続できたのは、長男から十三番目までの男の子が皆死んでしまったからです。逆に運よく子供たち全員が大人になることができたときには、長男が家督を相続しますから、次男以下は不要となります。その子たちは、たまたま学問が優秀なら学問所の教授になって自活できますし、剣術が強ければ剣術師範として生きることが可能です。けれど世の中では、学問もたいしたことないし、剣術もたいしたことのない人の方が圧倒的に多いものです。

では次男坊以下はどうするのかというと、ひとつは養子に出るというのがあります。男の子が生まれないお武家さんの家に養子に行って、そこでその家の跡継ぎになる。これはラッキーなケースです。多くの場合、知行地があれば、知行地の農家の庄屋さんにお願いして、そこの小作人になりました。知行地を持っている殿様の倅《せがれ》が庄屋さんのところで小作人になるわけです。そこで村の娘さんを嫁さんにもらって、生涯を幸せに暮らす。そんなことが多く行われていました。

よく「江戸時代は、武士がお百姓さんから年貢をむりやり取り立てて、お百姓さんたちは貧乏の極《きわ》みの生活を強いられていた」みたいなことを言う近年の学者さんなどがいたりしますが、現実には殿様の知行地で小作人として働いているのが、殿様の息子さんであるわけです。そこから搾《しぼ》り取ったなら、我が子の生活が破壊されるのです。だいたい親族間の恨みごとは、何十年も言われ続けるものです。五十代、六十代になっても、親戚のおばちゃんから、「あんたのいたずらには本当に困らせられたのよね」なんて言われる。それって半世紀前の小学生のときのことであったりします。十年、二十年で許してもらえると思ったら大きな間違いで、死んだ後までずっと言われ続ける。親戚というのはそういうものです。このような社会環境の中にあって、次男以下が知行地の農家の小作人になっているわけです。どうやって年貢をむしり取るのか！　という話になるわけです。逆に農家の小作人が優秀で学問ができたりすると、お城の方で勘定方に採用しようなんていうケースも出てくる。場合によっては、ご家老にまでなってしまうということも頻繁に起こるわけです。神様の元で皆が一体だよ、というのが日本の社会の基本的な構造であったのです。

加えて日本は、台風は毎年やってくるし、何十年かごとには大地震が起きるし、大雨が降れば土砂災害、日照りが続けば作物が稔らない。災害はしょっちゅう起こるわけです。こうした災害が起きたとき、領地の人々の面倒を見るのは、その地域を知行《ちぎょう》している武士の役目です。これがものすごく費用がかかる。だから武士は皆、服装こそちゃんとしているけれど、どの家も借金まみれの貧乏所帯というのが実際の姿でした。

では農家はどうかというと、食い物だけは（作っているから）しこたまあるけれど、お金はない。職人さんたちは「宵越しの銭は持たねえ」というくらい金回りは良いけれど、蓄えはない。職人さんも棟梁クラスになると腹巻《はらま》きにお餅《もち》(小判二十五両のこと。いまのお金に換算すると百五十万円くらい)をいくつか挟みこんで、「おいみんな、飲みに行くぜ!」と、大勢の部下の職人さんたちを飲みに連れて行ったりする。実はこれ、昭和の時代も、そんな習慣が続いていて、昭和四十年代くらいまでは、大工の棟梁とか鉄筋屋のオヤジさんとか、腹巻きに百万円の札束を挟みこんで、部下を連れて飲みに行って、一晩中どんちゃん騒ぎをして遊ぶなんてことも、よく行われていたものです。それくらい職人さんというのは金回りがよかったし、宵越しの銭を持たなくても、金は天下の回りものだったのです。これが商人さんになると、家にお蔵が建っています。しこたまお金を持っているわけです。

結局、士農工商って身分制度というよりも、日本では事実上、貧乏な順番と言った方が当たっています。ひっくり返すとお金持ちの順番になるのです。富と権力を逆さの関係にしたのが、江戸時代までの日本の体制であったわけです。

さて、よく質問を受けることに、士農工商の下に置かれたという「穢多《えた》、非人《ひにん》」があります。近年では、学校の教科書にも「江戸時代には穢多非人という差別待遇を受けた人たちがいました」などと書かれたりもしています。そこで「穢多非人というのは、どのような人たちなのでしょうか？」とのご質問をいただくわけです。

以下はその回答ですが、あくまで「江戸時代のお話」です。

まず非人というのは「人に非《あら》ず」で、重大犯の犯罪者、人を殺したとか、繰り返し泥棒を働いたとか、強盗をして捕まったという人たちです。そうした人が遠島、つまり島流し《しまながし》になります。時代にもよりますが、初回なら島に流されただけで帰ってきます。これが二度目の島流しとなると、腕に一本の入れ墨の線が入ります。三回目になると線が二本、四回目が三本、五回目になりますと、額《ひたい》に「悪」という文字が入れ墨されました。おでこに「悪」って漢字が書いてあるのです。こうなるともはや一般世間で生きていくことができません。そこでそういう人たちだけを集めた「非人村」みたいなものを作って、そこで、普通の人には任せられないような危険を伴う仕事が与えられました。たとえば土砂災害があって、家屋が押し流されて大変な状態にあるときや、大火災の被災地で、まだ火がくすぶっているような状況の中で人命救助を行ったりする。いまでは自衛隊が行っているような危険地域での活動を、江戸の昔は非人の人たちがやっていたのです。このような言い方をすると自衛隊の皆さんに申し訳ないのですが。

要するに、非人となった人たちが、危険な仕事、普通の人にはできないような特殊な仕事を専門に請け負ったのです。もちろん請け負いに際しては、ちゃんと報酬をもらえます。だから生きていくことができる。俺たちは悪事を働いてきたけども、世の中で本当に困っている人たちを助けることによって余生を過ごす。そうやって、今生《こんじょう》で犯した罪の借金を今生で清算して、堂々と死んでいく。彼ら自身もそう思って行動していたのです。

穢多は「穢れが多い」と書きます。たとえば生類憐れみの令によって野犬が増える。一般の人は犬を殺してはいけないことになっていますから、いきおい野犬が増えてしまう。

すると皆の生活が困ります。そこで野犬を捕まえて殺処分する人が必要になります。いまでは保健所がやっている仕事ですが、そうした犬や猫などの四足《よあし》を専門に殺処分する役割の人たちが、江戸時代の穢多の人たちでした。

彼らはもともと、古い時代の縄文時代からの暮らしをずっと守ってきた人たちです。仏教が入ってきてから日本人も四つ足の動物の肉を食べなくなったのですが、もともと日本人の縄文時代の食事では、キツネやタヌキなどを普通に食べていたのです。ところが仏教では、戒律で四つ足の生き物を食べてはいけないとなりました。そのために大昔からの食生活を変えない人たちが、ある意味特別な人たちとなって、四つ足の生き物の殺処分は彼らに専門に任せることになっていったのです。

江戸時代には寺請《てらうけ》制度といって、すべての民間人は、お寺で戸籍や住民登録が管理されました。いまではそれらは区や市町村の役所で管理していますが、江戸時代にはお寺で管理していたのです。どうしてお寺なのかというと、ちゃんと理由があります。人は必ず死ぬ。死んだらお寺で埋葬します。つまりすべての人が特定のお寺に所属し、そのお寺で埋葬されるという仕組みになっていれば、住民票は死んだときに、確実に帳面から抹消できます。あとは生まれたときちゃんと報告してもらうだけで済みます。つまり出生と死亡の管理が、お寺で完璧に実行できるわけです。

そのお寺での埋葬は、江戸時代には土葬です。土葬にするためにはお寺で墓穴を掘らなければなりません。その墓穴を掘る仕事は、一般の人は絶対にやってはならないことになっていました。それは穢多の人たちだけの特権であったのです。ところがこうなると、穢多の人に墓掘りを拒否されたら埋葬ができなくなります。

「亡くなったお宅の旦那さ、俺たちのことさんざんいじめたんだよな。えらい迷惑したんだよ。お宅の旦那の墓なんて、誰が掘ってやるもんかい！」なんてことになると、墓穴を掘ってもらえない。つまり埋葬ができない。お寺も困るし、残された家族も困ります。こうなると残された奥さんとかが「そう言わず、なんとかこれで」ってお餅（ひとつで二十五両、およそ百五十万円）を二、三個渡すことになる。四つならいまのお金でおよそ六百万円です。

「これでなんとか」
「冗談じゃねえ。どれだけ迷惑こうむっていると思っているんだ！　持って帰ってくれ‼　こんなもんじゃ、墓穴掘るわけにはいかねぇ！」
「じゃあもう百両。これでなんとか……」といったことが起こるわけです。そのため江戸時代の穢多の人たちはものすごくお金持ちでした。

けれど穢多の人たちが大金持ちで羽振りがいいということになると、世の中の秩序が乱れます。江戸社会というのは、社会的地位と経済力が互いに反比例する構造を持つからです。そこで穢多の人たちは、絹の着物を着てはならない、家に門を作ってはいけない、家も瓦葺きは禁止、茅葺き屋根でなければならない、要するに粗末な身なりで粗末な家にしか住んじゃいけないとされていたわけです。

ちなみに特殊な仕事をする人が経済的には大儲けしているというケースでは、首斬り役人の山田浅右衛門《やまだあさえもん》がいます。山田浅右衛門は、罪人や武士の切腹時に、人の首を斬るという役目を仰せつかった代々世襲の家柄です。生きた人の首を斬る権限が与えられていたわけですから、死体を日本刀で斬る権限も与えられていました。刀は、その性能の確認のために試し斬りをしなければならないことがあります。ただ、生きた人間で刀を試すわけにはいきませんから、死体を一刀両断にする権限を与えられていた山田浅右衛門にお願いをして、刀の試し斬りをしていました。ですから山田浅右衛門の家には、全国の殿様などから、「この刀、素晴らしい刀だから試し斬りをしてもらいたい」という依頼が舞い込みました。試し斬り一回が五百両〜千両です。これは特権ですから、山田浅右衛門の家は経済的にはものすごく豊かでした。けれど徳川家の武士としては最下級とされました。

同様に穢多の人たちも、身分は最下層ですし、日頃はツギのあたった着古しの麻の服しか着てはならない、麻の着物でも、新品のピカピカの服を着たら捕まってしまいます。まして絹の着物を着ていたら、問答無用で逮捕です。ですからみんな、本当に貧乏そうな服装をしていました。けれども経済的にはものすごく豊かだったのです。

たとえば吉原で太夫クラスの女性と遊ぶとなると、一回のお座敷が今のお金で一千万円。それで太夫と夫婦になる（つまり一夜をともにする）となると、その前に最低五回はお座敷を持たなければならないというのがしきたりです。現代でも五千万円のお金をぽんと出して、一夜をともにするようなことができる人など、まずいません。江戸時代の殿様でも、まず無理です。殿様はそもそも私欲を持ってはならないし、藩の財政はどこも赤字です。ですから吉原の太夫クラスの女性と遊ぶことができたのは、豪商といわれる、全国でも名だたる大きな商店主か、穢多の人たちくらいなものだったのです。

そういう意味で穢多の人たちは、江戸時代にはある種の特権層だったのです。身なりは貧しいが、経済的に困ることはない。ところが明治に入って四民平等になると、武士も町人も穢多も非人もなくなりました。当然、埋葬も、身内の人が勝手に墓穴を掘るようになりました。こうなると以前のように「お墓は掘れないよ」と言えない。つまり穢多の人たちの生業が成り立たなくなってしまったのです。経済的なメリットが失われたにもかかわらず「穢れた人たち」という差別だけは残った。どこかで働きたくても、穢多部落の出身だからと言って就職もさせてもらえない。それで自分たちも同じ日本人（つまり同和）なのに、どうして差別されなければならないのか、という差別問題が明治以降の日本社会に深刻な悩みを引き起こすことになったのです。

この問題は、現代に至っても未だに解決されていません。

第二章

武士の暮らし

2―1 知行とは何か

江戸時代の武士は、領地のことを「知行地《ちぎょうち》」と呼びました。幕府や諸藩に所属する武士たちの俸禄《ほうろく》（お給料のこと）は、大きく、

一　藩主から知行地を与えられる「給足《きゅうそく》（または有足《ゆうそく》）」

二　お米や金銭などを現物支給される「無足《むそく》」とに分かれていました。

「給足」というのは、上と下を結び合わせて増やすという熟語で、要するにお上《かみ》としての武士と、領地に住む農民などの民衆が、互いに協力しあって財産や子孫を増やすことを意味します。これを行う場所が「知行地」です。

「知行地」は、一般に音読みですが、訓読みは「知《し》らすを行う地」です。「知」という字は、古事記の時代から「しらす」と読みます。古語の「知らす」は、字義通りに現代語訳すれば「お知りになりなさい」です。誰が誰を知るのかと言えば、上に立つ人が、下の人たちの様子を詳しく知る。知ればなんとかしなければならなくなります。災害が起こっ

た、火災が起こった、子どもが生まれた、年寄りが亡くなったなど、知行地のことを上に立つ人が詳しく知れば、いざというときにはちゃんと助けてあげなければならない。この考え方は、天災の多い日本においては、本当に必要不可欠のことであったのです。

江戸時代までは、いまでいう都道府県のことを「国」と言いました。神奈川県なら相模国《さがみのくに》、埼玉県なら武蔵国《むさしのくに》という具合です。それら諸国が全部集まったものが「天下」です。「あめのした」と読みます。「天《あめ》」とは一義的には空のことですが、その心は天皇です。天皇の下が「あめのした」です。その「天下」全体を通じて神々と直接つながりになられるのが「天子様」、つまり天皇です。そして天子様にとって、日本の領土領民のすべてが「おほみたから」です。その「天子様」によって将軍が選ばれます。将軍の役割は天子様にとっての大切な「おほみたから」である国家国民のすべてが、豊かに安全に安心して暮らせるようにしていくことです。そしてそのためには「知らす」、つまり全国の様子を常に知っていなければなりません。

けれど将軍ひとりで全国津々浦々のことを全部把握するのは不可能ですから、諸国には大名、つまり大名主《おおなぬし》を起き、その大名主のもとで給足の武士たちが、知行地やそこに住む人々の様子を詳しく知って、それぞれに必要な手当をしていきます。これが天皇のもとにある武家政権の考え方です。前に殿様は私欲を持ってはならないと書きましたが、殿様も武士も、そもそも自分のものなど何もないのです。すべては天子様のものだというのが、江戸時代までの日本の基本的思考です。

そうであれば人の上に立つ者の使命は、どこまでも天子様の「おほみたから」を慈《いつく》しみ、育《はぐく》み、誰もが豊かに安全に安心して暮らせるようにしていくことです。これが「知らす」であり、武士や貴族がその「知らす」を行うことに責任を持つ土地が「知行地」とされたのです。

ちなみに日本語は「一字一音一義」とされ、一音ごとに深い意味があるとされる言語です。そこで古代文字のカタカムナでこの「しらす」を解釈すると、

「し」＝示す

「ら」＝場

「す」＝ひとつの方向へ進む

となり、合わせると「ひとつの方向を示す場」という意味になります。その方向こそが「万民の幸せ」です。万民とは、創生の神々が胎内に取り入れた神々の胎児とされ、万民の幸せが神々の幸せとなります。

年貢は、そのために徴収されるものです。お米を作る農家の人のことを江戸時代には百姓と書いて「ひゃくしょう」とか「ひゃくせい」と読みました。近年ではどういうわけか、日本の仕組みをまったく理解していないおかしな学者の先生たちが、「百姓という用語は差別用語である」などと強弁しているようですが、百姓はどこかの国の白丁《はくてい》とは異なります。そもそも我が国では百姓と書いて「おほみたから」とも読むのです。

「百」というのは「文武百官」という言葉があるように「数えきれないくらいにたくさんの」という意味を持つ語です。我が国の人々の名字は、中国や半島と異なり、田中、高橋、鈴木、斎藤など、ほとんどが漢字二字によって形成されています。それは七世紀の大化の改新のときに、戸籍づくりのために天子様から「地名や姓氏は漢字二文字で記すこと」とお触れが出されたことによります。そしてこのときに登記された姓は、天子様によって承認されました。それらの姓を持つ者は、すべて「天子様のおほみたから」とされたのです。ですから、全国にたくさんある姓は、天子様の「おほみたから」である証《あかし》です。つまり「百姓」、すなわち「たくさんの姓」は、すべて「天子様のおほみたから」であることを示す言葉です。

お百姓さんには、土地を持つ地主さんと、その地主さんのもとで働く小作人さんがいます。地主さんは、それぞれの土地の特性に応じて、小作人さんたちに田畑を振り分けます。お米を作る田んぼもあれば、野菜を作る畑もある。絹を吐く蚕《かいこ》を飼うためには桑畑も必要です。当時の農家の多くは茅葺《かやぶ》き屋根《やね》ですが、その茅《かや》に用いる大量のススキなどを育てる茅場も必要です。また家の建替えや増築、氏神様のための社殿を築造するための木を育てる林も必要です。それらすべての経営を行うのが地主さんであり、その下で働くのが小作人さんたちであったわけです。

年貢はお米で支払われますが、年貢を納めるのは地主さんの役割です。小作人さんたちは作物を地主さんに納めるので、年貢の支払い義務はありません。年貢はお米で納められます。お百姓さんはお米だけではなくて野菜も作りますが、税として納めるのはお米だけです。なぜお米なのかというと、お米は備蓄ができるからです。この点について、「江戸時代の税率は四公六民とか五公五民という苛斂誅求《かれんちゅうきゅう》なものであった」などと最もらしく解説しているものがありますが、馬鹿げた論です。そもそも武士の人口は日本全体の五パーセントに満たないものです。その武士が年間にできたお米の四割五割を徴求《ちょうきゅう》して、食べきれるものなのでしょうか。江戸時代の日本は鎖国していて食料を外国に輸出していたわけではないのです。そもそも四公六民とか五公五民とはいっても、農家も手元に残った六民分や五民分のお米を食べてはいなかったのです。

農家は生産したお米のおよそ半分を年貢としてお上に納めます。残ったお米は、村でまるごと備蓄していたのです。これは今年できたお米を備蓄するだけではありません。去年のお米も備蓄していました。食べるのは一昨年にできた古々米です。備蓄場所は、多くの場合、近隣の氏神様のお社《やしろ》でした。そこに高床式の倉庫を築いて奥の院とし、お米を備蓄したのです。奥の院の手前には神様への拝殿が築かれました。備蓄米は、神様にお守りしていただくのが一番良いと考えられたからです。

どうして備蓄したのかというと、冷蔵庫がなかった時代に、年単位で備蓄できる食料は、お米しかなかったからです。お米は白米や籾米《もみまい》の状態では長期の備蓄ができませんが、玄米《げんまい》の状態であれば、二十年経っても食用にできたのです。農業は天候の影響を受けるし、今年が豊作だったからといって、来年も豊作になるとは限りません。場合によっては凶作でほとんど収穫できない年だってあるのです。ですからできた新米は、まるごと備蓄し、去年のお米も備蓄する。つまり常時二年分のお米を備蓄したのです。

できたお米の半分は村で備蓄しますが、残りの半分はお上に納めて、お上がまるごとお米を備蓄しました。これは国単位（藩単位）の備蓄となりました。そしてお上もまた二年分のお米を常時備蓄したのです。

つまりお米を民間と大名で、おおむね半々で備蓄する。そうすることで万一村の備蓄米が火災や落雷、地震や洪水などで失われることがあっても、お上が備蓄米で被災地の人々を養ってくれる。お上は二年経ったお米は、無足《むそく》の武士たち（藩から禄をもらっている武士）たちに給料として支払い、また新田の開墾等に際しての農家のみなさんの労働に対する報酬などに役立てたのです。もちろん両替商に依頼してお金に換えることもありました。

要するに年貢米を納める農家からすれば、年貢米の支払いは、いわば災害保険料となっていたわけで、いざ災害となれば、それまでに支払った何倍ものお米が返ってくるという仕組みでした。これは災害の多い日本列島で生きる知恵だったのです。

ただ、問題もありました。災害対策用の備蓄米の徴収高は、江戸時代の初期の検地で確定した石高が基準となっていました。江戸時代の人口は、江戸時代の初期には千五百万人程度であったとされますが、その後に新田が続々と開墾されたことで人口が増加し、江戸時代中期には倍の三千万人となりました。ところが災害時の備蓄米は、江戸時代初期の人口に合わせた二年分しかなかったわけです。つまり人口が倍増した時点では、実質一年分の備蓄米しかなかったわけです。このため年々続いた凶作や災害時にお米が足りなくなり、天保年間などの飢饉《ききん》を招くことになりましたし、また災害時の食料支援をしていた全国の大名のほぼすべてが、米が足らずに商人たちからの借金まみれになるという事態を招いていたのです。

人は食べなければ生きていくことができませんから、人口はその国の食料供給可能な範囲でしか全人口を養うことができません。江戸時代は鎖国していましたから、食料の生産高分しか日本の国土で人口を養うことができません。では、武士たちが千五百万人分の食料備蓄しかできていなかったとなると、その余のお米はどこに行っていたのでしょうか。それが商人たちです。これにより江戸中期には商人たちが破格の財力を持つようにもなっていったのです。

このお米の備蓄で災害に備える、そのために二年分のお米を常時備蓄するという仕組みがいつ頃から始まったのかというと、いまからおよそ二千七百年前の神武天皇による日本建国にまでさかのぼります。実に日本は、そもそもみんなで少しずつお米を出し合って、これを備蓄して災害に備えるということが、建国の理念となっているのです。このことは、現代風に言うなら「クラウドファンディング」です。なんと日本は二千七百年前に世界で初めてクラウドファンディングを行った国であったのです。

お米の保管は、主に神社で行いましたが、このため今年の田植えに際しての苗の栽培も、全国の多くの地域ではもともと神社で行われていました。神社で栽培した苗が、田植えによって田に移され、秋にはたわわな稔りとなる。そのお米を収穫したら、みんなで神社に集まってお祝いをする。それが村祭りの起源です。

これら一連のお米を中心とした社会を総称して「知行」（知らすを行う）といい、それが行われる土地のことを総称して「知行地」（知らすを行う地）と呼びました。

日本の歴史は、天皇のもと、すべての階層がひとつになって、自然災害から人々を守り、誰もが安全に安心して暮らせるようにしていくことができる国づくりを求めてきた歴史です。そうした素晴らしい歴史を、十九世紀に西洋で生まれた共産主義的階級闘争史観に無理やり当てはめようとしても、まともな解釈などできるはずがないのです。

2―2　悪代官

昨今のイメージでは、悪代官といえば、巷《ちまた》のヤクザ者や悪徳商人と結託して庶民を苦しめ、陰で人を斬ったり、果ては年貢の代わりに娘を差し出せという非道者として、ドラマや小説などで扱われます。つまり「悪代官＝非情な地域の支配者」で、これに虐《しいた》げられた農民や町人が登場して、対する英雄が悪代官一味をバッタバッタと斬り倒す。小説やドラマという非現実の世界であれば、そのようなモチーフも罪はありませんが、実際の歴史がそうであったと思い込まれたら、困りものです。

実際の江戸時代の代官は、勘定奉行の支配下にありました。地方にある領に赴任して年貢の徴収や石高管理などのお役目を果たすのが仕事で、そのために相当な権限が与えられていました。

ところがこのお代官、比較的裕福だった幕府の直轄領のお代官でも、身分は百五十俵取り程度の下層の俸禄武士の旗本が任命されていました。百五十俵というのは、石高《こくだか》で言ったら六十石です。一石《いっこく》が一両ですから、現代のお金で言ったら六万円。つまり百五十俵取りの旗本というのは、いままで言ったら年収三百六十万円ということになります。もちろん現代のような光熱費やスマホ代の支払いはありませんし、住まいは藩の支給ですから住居費もかかりませんので、これを勘案すれば、現代の年収で五百四十万円くらいと考えることができます。まあそれだけあれば、そこそこの生活ができるだろうと思うのは早計で、当時は五十石につきひとりの家臣を養わなければならないとされていましたから、六十石なら家臣をひとり雇わなければなりません。当然、自分の俸禄からその家臣の生活が成り立つように給料を払わなければならないわけで、武士の暮らしは決して楽ではなかったのです。

さらに任期も不定です。数年で交替して別な任地に赴かなければならないことも多くありました。交替といえば聞こえはいいですが、これには更迭《こうてつ》も含まれます。ここが問題なのです。

　年貢を納める時期になると、土地を持った農家が、代官所に米を持参します。代官所では、この米を斗《ます》で量って米を収納します。このとき、斗《ます》からこぼれた米は、農家が持ち帰ってても良いということになっていました。莫蓙《ござ》にこぼれた米など、お上が徴収したら威厳に関わる、というわけです。だから納税する人は、斗《ます》で量るときに、ちょっとずつお米をこぼします。こぼれたお米は、持ち帰って良いのですから、ここは腕のみせどころです。量る斗は、一升斗といって、一升瓶一本分のお米が入る大型の斗です。つまり、ここでこぼれるのは、けっこうばかにならない量になります。手元に残るお米は多いに越したことはないのですから、これで農家は、小遣いになったわけです。

　この「こぼれたお米」が「お目こぼし」です。お目こぼしが多くても文句を言わないお代官様は、「良いお代官様」と言われました。反対にお目こぼしを認めないで、かっちりと斗の通りに年貢を徴収するお代官様は、「今度のお代官様は、ひでえ代官だ、悪代官だ」と陰口を言われました。

　田も同じです。代官は領内をくまなく回って、領内のすべての田畑に、上中下の区別をつけて、収穫予測高を事前に掌握することが勤めになっていました。このとき、実際には収穫高の多い上田でありながら中田として登録してくれたりすることも、実は「おめこぼし」のうちでした。お目こぼしが多ければ、農家はそれだけ生活が楽になるのですから、「今度のお代官様は、とても人間ができている」ということになります。

ところが「何を申す、これは明らかに上田ではないか」と、規則通りに田の区分をするお代官様は「悪代官」です。ちなみに「悪」という字には、もともと「元気が良い」とか「やりすぎる」といった意味があって、そういう意味からも、「悪代官」と言われたわけです。

もっとも、お目こぼしが多すぎて、極端に「良いお代官様」に走ると、お上の取り分が減って、お代官様は、中央のお奉行からお叱りを受けて更迭されてしまいます。さりとてお目こぼしが少ないと民から不満の声が出てしまいます。そのあたりのさじ加減を上手にするのが、お代官様という職のむつかしいところだったわけです。

さらに年貢を過酷に取り立てすぎて、管理地域で殺人や強盗などの重大犯罪が起これば、お代官様は切腹です。そもそもそうした犯罪が起こらないようにするために、ありとあらゆる権限が与えられているのです。にもかかわらず犯罪が起こったならば、その責任は当然、地域を監督するお代官様の責任とされたのです。いやはやお代官様稼業も楽じゃないのです。

お代官様は、くまなく領内を回り、すべての田畑の石高を調査して帳面につけます。そして収穫量の把握をして中央に報告します。年貢の徴収をしたら、それを一軒ごとに帳簿につけ、安全に勘定奉行にまで、そのお米を届けます。

水害が起これば収穫量が減ってしまいますから、堤防を見回り、補修を指揮し、平素から土嚢《どのう》の備え付けなどの準備の指揮も執ります。

また火災が起こらないように、火の見櫓《やぐら》や、輪番の管理を徹底し、消火桶の備え付けを辻ごとに設置する指導も行います。そこにちゃんと水が入っているか、ボウフラがわかないように、ちゃんと水が取り替えられているかといったことも、お代官様の責任です。

これら社会公共事業には、村々の協力が欠かせません。人徳がなければ、民は協力してくれません。なにしろ「オラッチは天子様から姓をいただいた百姓だ。木っ端役人何するものぞ」というお百姓さんたちが相手なのです。

だからお代官様は、自分から進んで村を回り、領民と接し、日頃から人間関係と信頼関係を築き、村人たちと問題意識を共有し、村人たちとの合意を形成していかなければなりません。これをワイロなんかでゴマ化したら途端に人々の口の端にのぼります。人の口に戸は立てられません。そんな噂が中央にいる上司の奉行にバレたら、お代官様は即、更迭です。それは左遷《させん》ですから、石高も減らされます。さらに下手をすれば切腹になりました。この場合は「お上の手を煩わせた」わけですから、お家はお取り潰しです。

お代官様の日常生活もたいへんです。武家は私利私欲を戒《いまし》めて質素を心がけること、また公共性を重視する自己犠牲の精神のうえに成り立っていると考えられていました。ですから行儀作法には、ことのほかうるさくて、食事は男女とも必ず正座です。肘を横に張《は》ったり、あぐらをかいて食事をするなど、藩主の殿様でも許されないことでした。なにしろ目の前の食事は、領内のお百姓さんが丹精込めて作ってくれたお米や野菜なのです。だからちゃんと感謝して「いただきます」と領民に手を合わせて、正座をしていただくのです。どこかの放送局が、立て膝をして食事をしている風景をドラマにしていましたが、それは半島の生活様式であって、江戸時代の日本の習慣ではありません。

武士は、自ら身を律しなければ、誰も言うことなど聞いてくれない。聞いてくれなければ、治水も防災もできないのです。

ちなみに教科書では武家を「封建領主」と教えるけれど、封建領主という概念は、外国のものです。西洋や中国における「封建領主」は「領地は領主の私有物である」という概念です。土地も領民も、領主の私有物です。

日本における領主は、こうした西洋の「領主」とは、そもそもの成立からしてまるで違います。日本の領主は、どこまでも天子様の「おほみたから」を預かっている立場です。

戦後の共産主義者による階級闘争史観では、なにやら武家階級は封建領主であり、半島と同じように領内を征服して私有財産（私腹）を肥やすもの、といったイメージにされていますが、ここは日本です。単なる収奪者や私有財産主では、民の尊敬を集めることはできません。尊敬を集められなければ、いざというとき、つまり地震や凶作、干ばつ、水害等が発生したときの対策をとることができません。

戦国大名にしても、近年では民衆を支配し厳しく抑えつけたようなイメージで語られますが、有力な戦国大名の地域の人々は今でも戦国大名を懐かしく「慕《した》って」います。たとえば山梨では、「信玄《しんげん》」と呼び捨てにすると叱られます。「信玄公《しんげんこう》」と呼ばなければなりません。それだけ地元の人々から慕われていたのです。

武田信玄の本拠地となった甲府は、盆地です。盆地は、山間部に、大水のたびに河川が押し流す土砂が堆積して、平野になった土地です。つまりもともと水害に弱い。武田信玄は大規模な治水事業を興《おこ》して信玄堤《しんげんづつみ》を築き、甲府盆地に住む人々の生活を守った人なのです。だから慕われるし、慕われたから大規模堤防工事もできたのです。つまり信玄公は、今風にいえば、土木業者の親方であって、なるほど肖像画を見ても、武将というより、どう見ても土建屋の大将といった風情《ふぜい》です。

地域の平和を維持し、治安を守り、治水や防火を行い、産業を発達させる。それをしてきたのが戦国大名です。江戸時代は、そうした戦国大名の伝統を綿々と引き継いだ時代で、徳川幕府が二百六十年続いたというのも、決して強い力で抑えつけたからではありません。幕藩体制が、土地や農業やそこで暮らす人々の生活に、きわめて合理的な社会体制であったから続いたのです。

全国の村では、おとな（老、長）たちが、村をみんなで共同運営していました。これが「おとな」たちの「寄合《よりあい》」です。二十歳前後の若者たちは実行部隊です。これが「若衆組」です。村同士は惣《そう》をつくって相互に協力して公共事業にあたります。その総指揮者が領主であり、領主のもとにある奉行《ぶぎょう》から派遣されてきた地域の監督官が代官です。代官様は、堅すぎても人から嫌われるし、さりとていい加減では務まらない。それなりにたいへんなのです。

日本には、日本の風土に合った統治のスタイルがあります。単純な善悪二元論では、日本の歴史ははかれません。「越後屋、お主も悪よのぉ」などと言う悪代官は、我が国には存在しようがなかったのです。日本人は、上も下も誰もが、もっとはるかに誠実です。いまどきの左前の政治家や官僚と一緒にしてもらいたくないです。

悪代官は、実はまじめすぎる中央派遣の貧乏武士だった。

真実は、戦後の印象操作でかなり変形されています。

2―3 赤穂浪士の討ち入り事件

ある方からご質問をいただきました。それは、「赤穂浪士《あこうろうし》の一連の事件の中で、浅野内匠頭《あさのたくみのかみ》が、吉良上野介《きらこうずけのすけ》に、江戸城内の松の廊下で刃傷に及んだ理由がわからない」というものでした。

ほとんどの映画や演劇、ドラマでは、浅野の殿様が、吉良上野介に、「イジメられて我慢できなくなって刃傷に及んだ」としてドラマ化しています。しかし浅野のお殿様は赤穂五万三千石のお殿様です。そのお殿様ともあろう御方が、年寄りにすこしイビられたくらいで、逆ギレして刃傷に及んだというのなら、それはあまりにも浅はかだったということになります。赤穂藩の藩士たちや、その家族、そして藩の民に対して、それはお殿様として、あまりに無責任とはいえないか。さらにいえば、そのようなお殿様のために、家臣が討ち入りまでしているということは、すこし筋が違うのではないか、という疑問です。

なるほど鋭い指摘です。赤穂浪士の物語の醍醐味《だいごみ》は、実は、そんな疑問から始まるのです。そして浅野内匠頭と赤穂浪士の活躍は、実はその後の日本の歴史を変えたのです。

まず誤解を解いておかなければならないことは、江戸時代の大名（藩主）というものは、絶対王政における君主ではないという点です。本書で何度も申し上げている通り、我が国のすべては神々のものであり、神々の直系の子孫である天子様（天皇）のものであるというのが我が国の基本です。我が国は天皇の知らす国です。ですから藩主は、どこまでも藩の総責任者であって、藩を天子様から将軍を経由して預かっている立場です。従って藩主は、藩の土地を護《まも》り、藩民が豊かに安全に安心して暮らせるようにするための藩の最高責任者です。ですから藩に何かあれば、その責任は当然藩主の責任となります。そしてそれが許しがたい大事《だいじ》であれば、藩主は腹を斬らなければならない。それが江戸時代の標準となる考え方です。藩主という地位は、命がけなのです。

昨今の国会議員などが世襲であることから、世襲制そのものが悪であるかのような論調がありますが、江戸時代の武家や大名の世襲と、現代の政治家の世襲では、そもそもの成り立ちが異なります。現代の世襲は利権の継承ですが、江戸時代までの世襲は責任の世襲です。大名であれば、何かあったら殿様自身が腹を斬らなければなりません。けれど他人の行った不始末で、自分が責任をとって腹を斬るということは、そうそう簡単にできることではありません。お腹に刃を突き立てれば、それはとても痛いですし、まして死ぬことは、いつの時代でも、誰でも怖いものです。それを、いざというとき腹を斬るということを、普通にできるようにするためには、殿様自身が幼い頃からずっと「そういうものだ」と覚悟を教えられて育つ必要があります。それは普通の人にはなかなかできないことです。だから殿様は世襲だったし、武士も世襲だったのです。繰り返しになりますが、江戸時代まで、政治権力と政治責任は、常にイーブンの関係にあったのです。権力を持つなら、それに応じた責任が必要。しかもそれが政治であれば、多くの人々の命を預かる立場です。権力を行使する以上、それに呼応した責任が伴うことは、あまりにもあたりまえと考えられてきたのが日本です。これは諸外国には存在しなかった考え方です。

もし藩主が（切腹とまではいかないまでも）傲慢《ごうまん》な君主のように振る舞うときには、家臣たちが藩主を座敷牢に押し込めて、毎日対話を続けて藩主に考えを改めるように説きました。それでも改まらないなら、藩主は家臣たちによってその地位を追われましたし、藩主が改心すれば、そこで初めて座敷牢から出されて、もとの藩主の地位におさまりました。これを主君押込《しゅくんおしこめ》といい、江戸時代には普通にあったことです。名君とされる上杉鷹山さえも一時は「主君押込」にあっています。そしてこれが我が国の「忠義の道」です。中国的儒教観では、上司に身を捧げるのが「義」です。上司の命令を絶対視することが「忠」です。上長に恥があれば、嘘をついてでもそれをかばうのが「諱《き》」です。

けれど我が国は、天の神が中心にあり、その天の神の子の天子様（天皇のこと）が、すべての民を「おほみたから」とする知らす国です。ですから中国とはベクトルの方向が異なり、

「民のために身を捧げるのが義」

「民の幸せを心の中心に置くのが忠」

「民のために誠意を尽くすことが誠」とされました。

当然、上司の恥を隠す「諱《き》」の概念は、我が国にありません。たとえ主君であっても、間違っていれば、堂々とこれを諫《いさ》めることこそが忠義の道とされてきたのです。「主君押込」は、そうした日本文化の上に存在しています。

播州赤穂藩の浅野家は、そうした日本古来の思考を重要視した山鹿素行《やまがそこう》によって、藩の教育が施された藩です。山鹿素行は陸奥国会津藩の白河浪人山鹿高道の子で、六歳で江戸に出て、九歳のときに林羅山の門下生となって朱子学を学び、十五歳からは小幡景憲《おばたかげのり》、北《ほう》条《じょう》氏長《うじなが》のもとで甲州流軍学を学び、さらに廣田坦斎《ひろたたんさい》らから神道を学んで、山鹿流兵法の私塾を開いた人です。その山鹿素行の著した『中朝事実』は、**「万世一系の天皇陛下を中心に仁政と平和が続く本朝こそ中華なり」**と説く書で、江戸で大人気となるのですが、これが徳川将軍家の権威を貶《おとしめ》るとされて江戸所払いとなり、赤穂藩の二代目藩主だった浅野長《なが》友《とも》に招かれた人物です。

その山鹿素行の教えは、

「君、君たらずんば自《みず》ら去るべし」というものであり、**「凡《およ》そ君臣の間は他人と他人の出合《であ》いにして、其《そ》の本《もと》に愛敬《あいけい》すべきゆゑんあらず」**というものです。

つまり「主君の為に死ぬことは愚《おろ》か」だと説き、武士は命を大事にして蛮勇《ばんゆう》に走らず、正しく生きるべきであるという教えです。

このような教えを心胆《しんたん》に刻んだ播州《ばんしゅう》赤穂藩の三代目藩主の浅野内匠頭が、吉良上野介《きらこうずけのすけ》というお年寄りにイジメられたからといって、こらえきれずに江戸城内で刃傷沙汰に及ぶ。もしそうであるのなら、それははっきり言って「バカ殿」です。そのような主君なら「さっさとその藩から立ち去りなさい」というのが山鹿素行の教えです。ましてそのような「バカ殿」のために江戸市中で討ち入りなどという狼藉《ろうぜき》を働くなど、山鹿素行の教えではあり得ないことです。にもかかわらず、元赤穂藩城代家老の大石内蔵助以下の赤穂四十七士は、山鹿流陣太鼓を叩いて、吉良上野介邸に討ち入りをしています。これはいったいどういうことなのでしょうか。

一方、吉良上野介は、三河国幡豆《はず》郡の四千二百石の殿様です。そして高家旗本《こうけはたもと》といって、足利幕府以来の武家の伝統を徳川家で指導する立場の徳川家の直参《じきさん》旗本です。直参というのは、将軍にお目通りできる位《くらい》という意味です。そもそも吉良家というのは、足利将軍家の分家で、足利将軍家が途絶えた際には次に吉良氏から将軍を出すとされた名門の家柄です。しかも吉良上野介の曾祖父の吉良義定《よしさだ》は徳川家康の従兄弟《いとこ》にあたります。石高は播州浅野家の十分の一以下ですが、石高と身分が反比例したのが徳川幕府の態様《たいよう》です。吉良家は浅野家など足元にも及ばない名門中の名門なのです。

この頃、播州浅野家では、赤穂の塩田の開発に成功し、この塩がたいへんに美味しいと江戸で評判となり、藩の財政がたいへん豊かなものになっていました。そこで浅野の殿様が、仰せつかったお役目が、勅使下向《ちょくしげこう》の接待役です。そしてこの接待役の指導官に任ぜられていたのが吉良上野介でした。

勅使下向というのは、毎年正月に、江戸の幕府から京の都の天子様に、新年の慶賀の品が届けられます。これが上納です。その届け物の御礼にと、今度は天皇の使いである勅使が江戸に下向します。京の都に向かうのが「上り」、京の都から江戸に行くのが「下り」です。だから「勅使下向」といいます。要するに天皇のほうが、将軍よりも位が上なのです。

勅使というのは天皇の使いのことで、上皇《じょうこう》の使いなら院使《いんし》、皇后《こうごう》の使いなら皇后宮使《こうごうぐうし》、中宮《ちゅうぐう》の使いなら中宮使《ちゅうぐうし》、皇太后《こうたいごう》の使いなら皇太后宮使《こうたいごうぐうし》、女院《にょいん》の使いなら女院使《にょいんし》です。

天皇の使いとなる勅使は、大納言や中納言の官位を持つ人が務めました。

将軍の地位は左大臣または右大臣、もしくは内大臣です。赤穂事件のときの徳川将軍は、五代綱吉です。綱吉はこの時代には、正二位内大臣兼右近衛大将兼征夷大将軍です。

官位の順番は、

太政大臣

左大臣

右大臣

内大臣　(↑将軍)
大納言
中納言　(↑勅使)
少納言

となっていますので、勅使は天皇の名代ではありますが、官位は将軍より下です。

そこで問題になるのが、勅使の席次です。官位からすれば、将軍が上座、勅使は下座です。しかし勅使は天皇の名代《みょうだい》です。ということは天皇の代理なのですから、この場合、勅使が上座、将軍が下座になります。当然です。なぜなら将軍は天皇の部下だからです。ところが室町幕府以来の伝統は、将軍が上座、勅使が下座とされていました。

理由は第一章三で述べた通りです。そしてこのことが、日本国内で「力さえあれば何をしても構わない。利益のためには何をしても構わない」といった悪しき価値観を生み、これが戦国時代と通底する価値観になってしまうのです。

具体的にどのようなことが起きたのかというと、戦国時代には、貴族の荘園は、力のある付近の身分の低い武士団によって強奪されていきました。「奪われて文句があるなら腕で来い」というわけです。

京の都では公家の西園寺家に細川家の家老以下の一味が押し寄せて勝手に屋敷内に乱入して好き放題の略奪をする、といった事件も起こりました。室町時代の細川家といえば、名門中の名門です。そんな名門の武士が公然と略奪を行ったわけです。このことは同時代を生きた三条西実隆の日誌に詳しく書かれています。

（注）ちなみに右の説明は、あくまで国内の価値観の混乱という側面からのものです。実際には戦国時代への突入は、相次ぐ大地震による救済米の不足が大きな原因となりました。地震は、南海トラフの大地震がまず起こって、日本列島の太平洋側に甚大な損害を与えます。次いでその後はおおむね四年に一回の割合で大地震が日本列島を襲ったのです。我が国では災害対策用に常時二年分のお米を備蓄していましたが、こうなると備蓄米が完全に不足します。中央幕府に納める年貢は、いざというときのための

災害保険のようなもので、災害が起きて地元のお米が足りなくなれば、中央から救済米が支給になるというのが約束事です。けれど相次ぐ地震で救済米が足りなくなると、中央からのお米の支給はありません。そうなると地方としては、中央に年貢を送る意味がない。それよりもむしろ地元でお米の生産高を上げて、なんとかして自分たちで食べていくことができるようにする他ないということになります。それをわからない大名がいるなら、下の者が殿様を放逐して、自分が大名主になる。これが下剋上です。また、こうして全国の大名たちが、地元の農地の開発に励むようになると、今度は大河川の利水権の問題で隣国との諍《いさか》いが生じるようになります。結果、このことが隣国との戦《いくさ》を招くことになる。こうして世は戦国の世へと移っていきました。

同時に、ここで悪しき伝統となったのが、将軍のもとへと下向《げこう》する勅使《ちょくし》への対応です。本来なら、天皇は将軍よりも偉く、勅使は天皇の名代ですから、勅使となった個人の官位にかかわらず、将軍より上座につくのがあたりまえです。ところが室町将軍のもとには、ときに明国からの使者がやってきています。対外的に日本でいちばんエライと名乗ることで日本国王の称号を明国皇帝から得ている将軍が、勅使に上座を譲るわけにいかない。その場に明国の使者もいるのです。そこで将軍が大臣級であり、勅使の使者そのものは大納言、中納言であるという事実を利用して、強引に将軍が天皇の名代《みょうだい》である勅使より上座に座ることにしてしまったのです。そしてこれが室町幕府以来の伝統となりました。

徳川政権は、鎖国を志向した政権です。しかも浅野内匠頭が切腹となったのが西暦一七〇一年、明国はその五十七年前の一六四四年にすでに滅んでいます。従って足利幕府の悪しき伝統であった勅使と将軍の席次の逆転現象を、修正することも可能ではあったのですが、そうなると徳川将軍が「足利将軍の権威」を否定することになります。そしてそのことは、「将軍という存在そのものが持つ権威」を徳川将軍自身が否定することになります。このため誰がどうみても悪しき慣習であっても、将軍が上座、勅使が下座という席次を入れ替えることができなかったのです。

こうした歴史のなかに浅野内匠頭がいます。浅野家では、吉良上野介の指示通りに席次を設《しつら》えますが、山鹿流を学んだ家臣たちは、これはどうしても納得することができない。あくまで勅使が上座でなければ、物事の筋が通らないのですから「殿、これはおかしゅうございます」とやる。浅野内匠頭は、家中の者たちの意向もわかるけれど、さりとて浅野家が席次の決定権を持っているわけではありません。

こうして浅野家では、一度目の接待役のときには、素直に吉良上野介の指示に従って、席次を将軍上座で設えるのですが、二度目の接待役のときには、さすがに家中の者たちが騒ぎたてます。「殿、いかがなさるおつもりか！」というわけです。山鹿素行の教えは「君、君たらずんば自ら去るべし」という教えです。それに浅野内匠頭自身も、納得して勅使を下座にしているわけではない。さりとて吉良上野介が一存《いちぞん》で室町以来の伝統を変えることを受け入れるはずもない。

かくなるうえは、あえて問題を起こして、そのお取り調べの際に、自らの命と引換えに老中や将軍に直談判するしかないと、思いつめた浅野内匠頭が起こしたのが、江戸城内松の廊下における刃傷沙汰です。

この刃傷に、浅野内匠頭に殺意がなかったことは、明らかです。殿中で脇差《わきざし》を抜いた浅野内匠頭は、吉良上野介の額《ひたい》に、浅い傷を負わせただけです。殺意があるのなら脇差で心の臓を貫くか首を狙います。もし頭部を狙うなら、この時代の武士のことです。脇差であっても頭蓋骨を割るくらいのことは十分に可能です。けれど吉良上野介は、額が割れた程度の傷でした。ということは浅野内匠頭に殺意はなく、脇差の峰（刃ではない方）で、額を叩いただけであった、ということです。

こうした事件の背景は、幕閣たちにも十分にわかることです。室町以来の伝統がそもそもおかしいということも十分に理解しているのです。ですから浅野内匠頭が正面切ってそのことを申し立ててきたら、これに抗することは不可能です。理は浅野内匠頭にあるのです。けれど、もしここで浅野内匠頭の弁を容《い》れて、その年からの勅使下向の際の将軍との席次を入れ替えたら、それは「これまで徳川幕府は間違ったことをやっていた」ということになります。これは幕府の権威を損ねる大問題です。しかも「殿中の暴力沙汰でこれを認めた」ということになると、徳川政権のもとでは暴力を用いれば、いくらでも幕府に要求を突きつけることができるという悪しき伝統を生むことになります。

それがわかるから、幕閣は相談して、事件を単に「浅野内匠頭が殿中でご禁制の刃傷沙汰に及んだ」という事実だけに着目して、その日のうちに切腹を申し付けるという判断を下すのです。そして浅野内匠頭が「乱心していた」ということにすれば、乱心者に罪はありませんから、浅野内匠頭の命も助かります。切腹はしないで済む。もちろん乱心者では大名の地位に留まることはできませんから、藩主は交替になります。浅野家には内匠頭と三歳違いの実弟の浅野長広《あさのながひろ》（浅野大学）がいます。つまりこれで浅野家も安泰となるのです。被害を受けた吉良上野介もお咎《とが》めなし。これで八方丸く収まるはずでした。

ところが浅野内匠頭にしてみれば、自分が乱心していたとあっては、肝心の勅使と将軍の席次の問題から逃げ出すことになってしまう。ですから「乱心」ということは絶対に認められないという。そうであれば殿中の刃傷沙汰の責任をとって切腹してもらう他はない。しかしこの場合、浅野家を浅野大学に継がせることもできなくなります。

切腹に際し、浅野内匠頭は辞世の句を詠みます。それは、

風さそふ　花よりもなほ　我はまた
春の名残《なごり》を　いかにとかせん

という句でした。この時代、花といえば桜花を意味します。つまり日本を代表するものです。つまりご皇室です。「春の名残」とは日本古来の国の形です。浅野内匠頭は、皇室尊崇という我が国のあるべき姿を、この先、どうやって実現していくのか（いかにとかせん）と、辞世を詠むのです。

こうなると、黙っていられないのが赤穂藩の藩士たちです。もとをたどれば、自分たちが殿に「これはおかしゅうございます」と迫ったことが原因です。そのことが殿を追い詰め、切腹という事態を招き、しかも自分たちの正論は、まったく幕府に相手にしてもらっていないのです。これでは何をしていたのかわからない。当然、主君亡きあとの浅野の家

中は大揉めに揉めます。赤穂の国もとでは、江戸詰めの藩士たちが殿を追い詰め、事態を深刻化させたとしか思えない。しかも、もしこれで藩がお取り潰しということになれば、赤穂の武士たちは再就職のために他家の面接を受けに行かなければならない。けれど他藩にしてみれば、自分たちのわがままで藩主を追い詰め、切腹に至らしめた家臣たちとなれば、それは危険人物たちであるということになります。赤穂藩解体後に、元赤穂藩士たちを雇ってくれる大名は、おそらく皆無です。「ならば、かくなるうえは幕府に一戦を挑み、城を枕に討ち死にしよう」と言い出す者まで現れる始末です。

幕府にしてみれば、事件が浅野内匠頭の乱心であれば、次期藩主に浅野大学を据えて一件落着とするところだけれど、正気で殿中松の廊下での刃傷沙汰を起こしたということであれば、赤穂藩に不信ありとして、藩をお取り潰しにする他ありません。そうなると赤穂の元藩士たちは「主君を切腹に追い込んだ痴《し》れ者たち」ということになります。それでは、他藩に就職することもできません。あたりまえです。どの藩でも、問題児を抱える余裕などないからです。

しかも赤穂藩の元藩士たちの、世の間違いを正す（将軍と勅使の席次を正常化させる）という願いも、有耶無耶《うやむや》になります。これでは何のためにこれまで一生懸命にやってきたのかわからない。

では自分たちの思いを遂《と》げ、亡くなった主君浅野内匠頭の無念を晴らすためには、どうすれば良いのか。答えはひとつです。高家である吉良上野介の屋敷に討ち入り、上野介の首をあげる。ときの将軍は、生類憐れみの令まで出して、人命を第一とする五代将軍徳川綱吉公です。そして江戸市中で高家の屋敷が元武士たちによって襲われ、数多《あまた》の命が奪われて高家筆頭吉良上野介の首まで取られたとなれば、その江戸の治安の、殿様クラスの治安の総責任者が誰かといえば、将軍綱吉公です。順当に行けば、綱吉公が責任をとって腹を斬らなければならない。けれど幕府としては、それは絶対に防がなければなりません。

では幕府がどうするかといえば、吉良邸に討ち入った元赤穂藩士たちを「主君に対する忠義の士」とする他ありません。忠義の士ならば、将軍に罪はなく、当然、元赤穂藩士たちに再就職の可能性も出てくる。仮に自分たちが討ち入りの責任をとって切腹になったとしても、自分たちの子が、あるいは同輩たちは、全国の大名たちから引く手数多《あまた》です。

問題は、将軍と勅使の席次の問題をどのように解決するか。そのためには赤穂の浪士たちの討ち入りが、世間において、どこまでも皇室尊崇の念を持って行われたことであると知られなければなりません。それをするには、浪士代表である元城代家老の大石内蔵助が、京の都の祇園の舞妓《まいこ》衆を総揚《あ》げして、「皇室尊崇、勅使の席次の改善のために我ら赤穂の浪士たちが、足利以来の悪しき伝統の代表である吉良上野介邸に討ち入り、その首をあげるのだ」と宣伝をするしかありません。かわら版では幕府にすぐに目を付けられて潰されてしまうからです。

この時代、京の都の祇園の街は、全国の名士たちが集まる場所でした。つまりその祇園で、赤穂の浪士たちの思いと行動が、何のためであり、どうして行われるのかが広まれば、それは全国の名士たちの知るところとなるのです。そうなれば、幕府としても何らかの対策を取らざるを得ないと、そこまで読み切って、赤穂四十七士の討ち入り事件は起こっています。

こうして赤穂浪士の吉良邸討ち入り事件のとき、大石内蔵助は、高らかに山鹿流陣太鼓《やまがりゅうじんだいこ》を打ち鳴らしています。なぜならその討ち入りは、まさに山鹿素行の説く、「武士は世の正道のためにこそ命を賭けるべし」とする精神に則《のっと》ったものであるからです。

しかし幕府の立場からすれば、そもそも幕府が勅使に対する応対を「間違っていた」とは認めることができません。そこで市井の学者である荻生徂徠《おぎゅうそらい》などを急遽《きゅうきょ》召し抱えて、江戸の芝居小屋で「主君の仇を討った忠臣蔵之介（忠臣蔵）」の芝居興行を打たせるのです。浪士たちの討ち入りは、あくまで主君の仇討ちであったとしたわけです。

そして幕府は、事件後に細川家、松平家、毛利家、水野家に御預《おあず》けとなっていた赤穂四十七士の討ち入りのメンバーに対しては、まず、判決文として以下の通りのお達しをします。

「内匠儀《たくみぎ》、勅使《ちょくし》ご馳走《ちそう》の御用《ごよう》を仰《おほ》せ付け置かる。その上時節柄《じせつがら》殿中《でんちゅう》を憚《はばか》らず不届《ふとどき》の仕方《しかた》に付いてお仕置《しお》き仰せ付けらるに付き、上野儀お構《かま》いなしとさしおかれ候《そうろう》ところ、主人の仇を報《ほう》じ候と申し立て、四十六人が徒党《ととう》致し、上野宅へ押し込み、飛び道具など持ち出し、上野を討ち候始末。公儀《こうぎ》を恐れざる段《だん》、重々《じゅうじゅう》不届《ふとど》きに候、これに依《よ》り切腹申し付ける。」

と、これが判決です。そこまでの申し渡しのあと、
「さて、その方らに上様（将軍）より格別の御言葉がござる。
上様におかれては、今日《こんにち》ただいまよりきっかり百年後、
五代将軍綱吉公のご遺命《ゆいめい》として、
勅使の席次を、本来の姿に戻されるとの仰せである」

このとき大石内蔵助以下、四十七士の武士たちの目に滂沱《ぼうだ》の涙が流れたのはいうまでもありません。そして約束通り、きっかり百年後の享和三年、第十一代将軍徳川家斉《とくがわいえなり》の時代に、勅使と将軍の席次は、本来の勅使が上座という形に変更されるのです。これは悪しき伝統云々ではなく、どこまでも五代将軍綱吉公のご遺命によるものとされたのでした。

大石内蔵助の辞世の句です。

あら楽し　思ひは晴るる　身は捨つる

浮世の月に　かかる雲なし

願いが叶い、一点の曇りもなく従容《しょうよう》として切腹に臨んだ大石内蔵助の晴れ晴れとした心境が、見事に詠い上げられている辞世です。

さて、右に述べた赤穂浪士討ち入り事件の真実は、二〇一〇年に最初に発表した際には、ずいぶんと「そんな話は、聞いたことがない」と叩かれたものです。実際、江戸時代からの各種演劇や忠臣蔵の講談などに、そのような描写はありません。これは当然のことで、討ち入りが皇室尊崇の精神に基づくものだという芝居を打てば、将軍に恥をかかせることになり、それは「お上の御威光を傷つけた」として処罰の対象となるからです。

けれど昔から「江戸の芸能は二度美味《おい》しい」と言われ、まずは舞台を見て美味しい。そして帰りの蕎麦屋《そばや》で、祖父から本当の理由を教えてもらって、また美味しい。だから「二度美味しい」。

世の中の正道を保つためには、建前を尊重しなければならないというのが、日本古来の考え方です。それが秩序です。建前など関係なく結果を得ることができさえすれば良いというのは日本人の思考ではありません。だから日本は平和でいるし、日本以外の諸国では殺戮《さつりく》や不公正がまかり通るのです。我が国はお上が常に論理的に正しく説明がつくように政道を行わなければならないとされてきた歴史を持ちます。勝つためなら何をやっても許されるという、どこかの国とは歴史が違うのです。

そうそう。学校で習う円周率ですが、世界で円周率の計算式を求めて十八世紀から十九世紀にかけて大激論が交わされていた頃、日本ではその百年前の十七世紀の寛文三年（一六六三年）に、村松茂清という人物が小数点以下七桁までの正しい値を求め、日常的に使用する円周率を三・一四と決めています。その村松茂清は、播州赤穂藩の人で、討ち入りした村松喜兵衛の父、村松三太夫の祖父です。二人とも村松茂清に負けず劣らず算術に長けた秀才であったと伝えられています。討ち入りをした赤穂の浪士たちは、教養の高い知識人たちであったのです。

2―4　江戸の数学

「産医師異国に向かう　産後厄なく　産婦みやしろに　虫散々闇に鳴く……」

ご存知円周率の暗記法です。学生時代に一生懸命暗記しようとした方もおいでかもしれません。ここまでで、

3.141592653589793238462643383279

で、小数点以下三十桁までの暗記文になります。

長いものですと、次のようなものがあります。

「産医師異国に向かう。産後薬なく、産婦みやしろに虫さんざん。闇に鳴くころにや、弥生も末の七日あけむつのころ、草の戸をくぐるに、皆いつかはと小屋に送る。仲良くせしこの国去りなば、医務用務に病む。二親こそ悔やむに、やれみよや不意の惨事とこそ世にいうなれ。むなしくやしき不意の死は、親にはむごい惨事にや、文読む虫なれ草葉よし。労苦いとわぬ孝行や、夫婦とみたり一つなり。不意の惨事はいつ

かくるよと親はいう。早よとは言うなよい頃に。

弥生は末の七日行く、都に行くとここまでも、酷務をせしむに、にくらしや。苦しい心をよく見つめ、お宮へ行くと虫死にて、葉はとうに朽ちて無し。衣濃く、再三再四無理言うや、夜となる頃夜半にさんざん。悩むほど、悩み色濃になるというを一句置く。ハイ終わり。夜毎の虫や、ころころ文読む御身よ。病む人をよろこばしむる道踏むや、虫やに人やにさんざんと、草の戸に群れ何をかを申すに、よくぞと医師いうなり。皆伏して小屋に並ぶ。ムムと無言身一つにて心細し。早や人なつかし、早や人恋ふに奥に奥、無理にや次の国に来よ。奥に人無し人混みもなし。虫見つむるな薬草に、心配れば見つむれば、一草一草心して、見ろ笹を分け、いつか良い葉はみずからを匂はしむ。はるか向こうに一宮よ、一つ詠む句はこの一句。よいできなれば心地いい。労苦浸み身は粉になれ。身も粉に刻苦刻苦と行くぞこの身は。国の人や無理言うな。宮に行く身に無理言うな。草の戸恋しやこの世は同じ。読む文もなく酌む酒に、鮒良く頃は夏となる……」

と、ここまでマニアックにならなくても、3.14159265（産医師異国に向かう）程度は、いまでも覚えておいでの方は多いのではないでしょうか。

円周率の計算は、古代バビロニアの粘度板から、当時の人々（紀元前十九〜十七世紀）が、三・一二五などを使っていたことが明らかになっています。前章に書かせていただいた通り、いまやコンピューターを駆使して、なんと小数点以下十兆桁まで計算されるようになった円周率ですが、世界に先駆けて三・一四を採用したのが日本です。そしてこの円周率を、さらに深く研究したのが、江戸時代中期の数学者、関孝和《せきこうわ》です。

関孝和は、暦の作成にあたって円周率の近似値が必要になったため、天和元年（一六八一年）に、小数点以下十六桁まで、正確に円周率を算出しているのですが、このとき関孝和が用いた計算法は、後に「エイトケンのΔ《デルタ》二乗加速法」と呼ばれるようになった計算手法です。ところがこの計算技法、西欧で発見されたのが一八七六年（明治九年）のことです。H.von.Nägelsbachの発見によります。ということはつまり、世界が「Δ二乗加速法」に目覚めたよりも、なんと二百年も前に、日本では関孝和によって、その計算技法が使われていたのです。

関孝和の数学への探求は、円周率だけでなく、これを応用した暦学、多元連立方程式、微分積分など多方面に及び、どれも世界最古といってよい内容の研究となっています。

関孝和は幕臣で江戸城天守番を勤め、後年、甲府（山梨県）の徳川綱重のもとで勘定吟味役を務めた人です。甲府徳川家が綱重から、子の綱豊に移ったとき、その綱豊が第六代将軍徳川家宣《いえのぶ》となったため、将軍について江戸にのぼり、将軍家の財産管理職である御納戸組頭《おなんどくみがしら》にとりたてられています。


ところがそれだけの大役を担った関孝和の禄高は三百俵で、石高に換算すると百石取り、いまで言ったら年収六百万円くらいです。決して大金持ちというわけではありません。この点、昨今の国連の職員で一定の役職を持つ人の事実上の年収が数億円となり、その多くが時価十億円相当の豪邸に住んでいるのとは、だいぶ様子が異なります。

しかも江戸時代では、武家の高官は単に頭が良いだけで栄達することはできないとされていました。剣術などの武道の腕前も一定レベル以上でなければ、まず出世は見込めなかったのです。要するに青白きインテリには、政治も行政も任せることはできないとされていたのです。これは神君家康公以来の徳川幕府の伝統です。実際、関孝和の肖像画を見ると、体格が良くて、いかにも強そうです。

ちなみにこの関孝和という人は実に不思議な人で、身分や功績は数多く伝わっている（本人が本にしている）のですが、生まれや育ちについては、どうやら群馬県の藤岡市あたりの出身ではないかという程度で、あまりよくわかっていません。ということは（これは想像になりますが）あまり高い身分の出身ではなかったということです。可能性として最も高いのは、農家の小作人の息子だったということではないかとも言われています。

ところがそんな身分の低かったはずの関孝和が残した和算の技術は、彼の書や弟子とともにまたたく間に全国に普及しています。身分の上下に関わらず、良いものは良いとするのが、日本古来の文化です。このあたりも、庶民をこそ「おほみたから」としてきた日本の伝統が活かされているわけです。

そして関孝和の研究成果によって、彼の時代のすこし後に伊能忠敬《いのうただたか》が全国行脚して、日本全国地図を正確に測量して作っています。これだけの地図を伊能忠敬が短期間に作ることができた背景には、彼が測量に歩いた全国各地に、彼の用いた和算による測量技術がすでに普及していて測量に協力する者がいたということであり、関孝和の影響力の大きさが知れるものとなっています。

それにしても、現代のようなパソコンもなく、細かな字を書くのに適したシャーペンもボールペンもなくて墨と筆字で、数字も算用数字ではなく縦書きの漢数字を用いていた時代に、よくそこまでの数学の研究ができたものだと思います。

計算については、珠を用いた計算補助用具として算盤《そろばん》が用いられました。我が国の最古の算盤としては、文安元年（一四四四年）の算盤が現存しています。戦国武将たちは兵站《へいたん》などの計算に、この算盤を活用していたと記録されていますが、算盤は江戸時代には国内に広く普及し、江戸時代の民衆はその読み書きの能力とともに、高い計算能力を保持していました。というのは、電卓やパソコンはいくらブラインドタッチに熟練しても計算能力が上がることはありませんが、算盤は熟達すると、ものすごい暗算能力が備わるようになるからです。

ところが残念なことに明治五年に明治新政府によって学制が公布されたとき、当時の洋風化の波に乗って、なんでもかんでも西洋の方式が良いとされて、算盤が学校教育から追放されてしまいました。けれど算盤の習得は社会生活に役立つため、算盤は私塾で教えられるようになり、いまでも算盤塾は高い人気を誇っています。ちなみに筆者の母は、算盤一級ですが、細かな数字で書かれた手書きの経理帳簿数ページをスルリと眺めただけで、一円でも合わない場所をすぐに見つけます。パソコンで人間が間違いの箇所を探すより速い。算盤を習うことで身につく暗算力でそこまでのことができてしまうのです。

その算盤と並ぶ和算は、豊臣秀吉に仕えた毛利重能《もうりしげよし》によって塾が開かれ、そこで学んだ吉田光由《よしだみつよし》によって、数学の教科書ともいえる『塵劫記《じんこうき》』が著され、これが江戸時代を通じて、算術から応用数学までの教科書となりました。そしてこの吉田光由と、同じ和算塾の門弟だった高原吉種《たかはらよしたね》が育てたのが関孝和です。

江戸時代は、寺子屋教育で読み書き算盤が教えられ、庶民の算盤の習得率は、識字率と同じ九十五パーセント以上であったといわれています。算盤は、頭の中に算盤の盤面を置くことで素早く正確な暗算をも可能にしますが、それだけ高い計算能力を明治以降の日本が教育から排除したことは、たいへん残念なことに思います。

2—5　武家文化としてのお能と殿様

お能といえば、現代人にとっては、お能＝能面といったイメージがあるように思います。もうすこし掘り下げて、お能とは何かといえば「日本的な侘《わ》び寂《さ》び幽玄《ゆうげん》の世界」と案内されることが多いようです。では侘び寂び幽玄とは何かというと、これがよくわからない。人によって解釈が全然違っていたりします。

ところがそのお能、江戸時代にはたいへんな人気で、基本お能はお城の中で上演されましたが、年に一度、一般庶民にその舞台が開放される日には、町人たちが列を成してこれを見に来ました。ということは、そこになにがしかの大きな魅力があった、ということです。

武士は幼い頃からお能に親しみ、とりわけ殿様ともなればお能は常識で、誰もが舞をしたし、お能で謡われる謡曲も暗誦《あんしょう》できるのが、これまた武士の常識でしたし、謡曲の言い回しがそのまま武家言葉でした。江戸時代は、地方ごとに方言がとても強かった時代ですが、そうした地方出身の武士たちが江戸詰めとなって他藩の武士たちと普通に会話をすることができたのは、お能の言葉がそのまま武家の標準語になっていたからです。地元の方言の言葉だけでは、言葉が通じず、意思疎通ができなかったのです。

殿様がお能を愛したのですから、諸藩の武士たちにとっても、お能は常識でした。そしてその常識というのは、侘び寂び幽玄の世界ではありません。なるほどお能にはそういう一面もありますが、実は演目のそれぞれに、人として、あるいは武士としての教えがあり、感動があり、学ぶものがあったのです。だからこそお能は武家文化として大切に育まれてきたのです。

歌舞伎は、傾奇《かぶき》というくらいで、そんな武家文化の持つお能を、ある意味わかりやすく派生させたものが始まりです。もともとの歌舞伎は、戦国末期の出雲阿国《いずものおくに》という美しい女性が、ご禁制のキリシタンのような派手な服装をしてお能をパロディ化したところから始まっています。いつの時代でもそうですが、激しい戦いの後に生き残った若者たちは、自分がどうして生き残ったのか、あるいは同僚たちが戦死したのに、自分だけが生き残った理由がわからず、やさぐれて反権力に走る傾向があります。そうした時代に、まさにご禁制のキリシタンの服装をした派手な女性のパフォーマンスが、世の中でバカウケしたわけです。これが女性ばかりで舞台を演じる歌舞妓（現代の歌舞伎の「伎」の字がオンナ偏の「妓」になっている）となり、国中で大人気を博します。ところが人気が出ると、どうしても売れっ子の女優さんと不始末を起こしたり、入れ込んだりしてしまう者が出てしまうということで、幕府が女性歌舞妓を禁止したため、今度は男性が女性の役もこなすという、いまに続く歌舞伎のスタイルができ上がりました。しかし江戸時代においては、特に武家では、武家の奥方や娘たちは基本、歌舞伎を観ることは禁止されていました。武士は「お能を観よ」とされていたのです。

それほどまでに武家がお能を大事にしたのは、お能が決して「侘び寂び幽玄」の世界だからというばかりではありません。むしろリアル社会において、正義を貫き、民衆の模範となって将軍家や殿様に代わって民に知《し》らすを行うことを学ぶものが、お能の意義であったのです。このことは突き詰めて言えば、お能こそが武家文化を育《はぐく》んだということです。

たとえばお能に「熊野《ゆや》」という演目があります。この演目は、江戸の昔には「熊野《ゆや》と松風《まつかぜ》は米の飯」といわれたくらいポピュラーでした。では「熊野《ゆや》」とは、どのような演目なのでしょうか。要約すると次のようになります。

遠州《静岡県》出身の美しい熊野《ゆや》は、京の都で平宗盛《たいらのむねもり》に仕える女性です。その熊野のもとに、故郷の母が病気だと連絡が入ります。母の身を案じる熊野は、宗盛様にお暇《ひま》をいただいて故郷《くに》に帰りたいのだけれど、ちょうどその頃、宗盛が清水寺の大花見大会を計画しています。宗盛は美しい熊野を花見に是非とも連れていきたい。それがわかるから熊野は宗盛様に「故郷に帰りたい」と言い出せずにいるのです。

いよいよ花見の当日、酒宴のときに、どういうわけか衆生を守護する熊野権現が、にわかに雨を降らせて花を散らせてしまいます。やむなく宗盛は、屋敷の中に入って宴席を続

けることとし、そこで皆の者と和歌を出し合うことになりました。歌を詠むことを求められた熊野は、そこで、

いかにせん　都の春も惜《お》しけれど
馴《な》れし東《あずま》の　花や散るらん

と詠みます。これを聞いた宗盛は、熊野に「故郷で何かあったのか」と問い、熊野が母の危篤《きとく》を話すと、宗盛は、「ならば早急に故郷に帰っておあげなさい」と、熊野の帰郷を許します。

熊野は、宗盛の気が変わらないうちにと、急いで故郷に旅立っていく……と、そういう物語です。

一門の権勢を担《にな》う平宗盛という権力者と、美しい桜花、美しい女性の熊野を対比させながら、この演目は、権現様《ごんげん》、つまり神々のご意思がどこまでも衆生の幸せにあること、そ

して時の最高権力者である宗盛が、ひとりの女官の思いを、にわか雨に散った桜と、熊野の和歌というわずかな手がかりから察して、熊野の帰郷を許すというところに、武家の長としての大切な心構えが描かれます。つまりこの物語は、権力が大事か、衆生の幸せ、ひとりの人間の親を思う気持ちが大事かという、ある意味究極の選択を描いた物語であるのです。

武家には武力があります。権力もあります。けれど、だからこそ武力や官位や権力以上に、弱い者の気持ちを些細《ささい》なことから察すること、そこにおける人としてのやさしさの大切さを熊野の物語は明確に描き出しているのです。

「松風《まつかぜ》」は、平安時代の初期に在原行平《ありわらのゆきひら》と、たった三年間というわずかな期間を過ごした松風と村雨《むらさめ》という二人の若い海女《あま》の物語です。

二人の女性は、在原行平とのほんの短いご縁が忘れられず、行平が別れ際に詠んだ（百人一首にも収録されている）歌、

たち別れ　いなばの山の　峰に生《お》ふる
まつとし聞かば　今帰り来む

という歌の言葉を信じて、いつか再び行平様が帰って来られるに違いないと、屋敷で在原行平の帰りを待ち続けるのです。いつしか歳月が経ち、それから数百年、すでに屋敷は崩れ、二人の女性も年老いて肉体が滅び、いまなおその屋敷で御霊《みたま》となって行平の帰りを待っています。そんな屋敷の前を、旅の仏僧《ぶっそう》が通りがかる。僧侶は二つの御霊に「お前たちはなぜそこで彷徨《さまよ》っているのか」と訊《たず》ねます。二人から事情を聞いた僧侶は、「もはや数百年の時を経ておる。行平様が戻られることはもうない。よろしい。拙僧《せっそう》が供養《くよう》してしんぜよう」と、経《きょう》を唱《とな》え、二人の女性の霊は、何度もお礼を言いながら極楽浄土へと旅立っていく、とこれが「松風」の物語です。

この演目は、権力のある者（つまり武士）のひとことが、一般の人々にとって、どれだけ重いものであるのかを教えます。「綸言汗《りんげんかん》の如《ごと》し」と言いますが、武士や高級貴族のひとことは、それだけ重い。武士であればそのことをしっかり心得て民と接することの大切さが、この演目の主題です。

「鵺《ぬえ》」という物語もあります。鵺《ぬえ》は、頭が猿、尾が蛇、手足が虎という、恐ろしげな妖怪です。その昔、京の都で主上を悩ませ、源頼政《みなもとのよりまさ》によって退治されたのですが、肉体を退治されただけで、その魂魄《こんぱく》がいまだこの世を彷徨っているのです。たまたま旅の僧が、その鵺の魂魄と出会います。旅の僧が事情を聞くと、鵺はもうとっくに反省をしていて、一日も早い成仏を願っているという。旅の僧は回向《えこう》し、これによって鵺の魂魄が、何度も感謝の言葉を述べながら、あの世へと旅立っていく、こういう物語です。

誤った者を懲罰するのは武士の役割です。けれど相手の命を断つばかりが武士の役割ではない。命を奪った相手をちゃんと回向して弔《とむら》い、成仏させてあげるところまでして、初めて武士としての役割を果たすことになるという、これまた武士の大切な心得を描いた作品です。

先の大戦のときに、こうした武士の精神を受け継ぐ旧日本陸軍が、戦いの後に、味方ばかりか、敵兵の供養をも欠かさなかったのは、この鵜の物語が、武士の心得として日本陸軍の精神となっていたからにほかなりません。

要するに、お能といえば「侘び寂び幽玄」と決めつけるかのような論調が目立ちますけれど、実はそれだけではなく、武士として、あるいは人として、権力を持つ者としての大切な心得を、芸能という形で繰り返し武士たちに提示し、武士道の根幹を決定づけてきた、お能はまさに「日本武士道の根幹を形成した武家文化」であったのです。そしてこのお能が城内で繰り返し上演されることで、藩士一同とともに殿様も、武家としての大切な心得を毎度、再確認していたのです。

日本人といえば武士道といわれますけれど、武士は日本人のごく一部の人々にすぎません。けれど、そのほんのひと握りの武士が、人として、武士として、何が大切なのかという心得をしっかりと保持していたからこそ、武家は人々から尊敬を集めたのです。ただ権力を振るっただけではないのです。その武家の文化形成を担ったのが、まさにお能であり、お能で謡われる謡曲であり、だから謡曲言葉が、武家の共通語ともなっていたのです。

お能が「侘び寂び幽玄の世界」と言われるようになったのは、戦後のGHQによる占領以降の日本で、お能を「武士の道の根幹だ」などと言い出したら、お能そのものが排除され、潰される危険があってのことです。これを回避するためには、明治の頃に「異説」として言われだしていた「お能＝侘び寂び幽玄の世界」という、ある意味摩訶《まか》不思議な世界だとしておいたほうが、文化保持のためには有効だったのです。

けれど、いつまでも戦後ではありません。二十一世紀となった今、お能の持つ本質と、その精神を、日本の武士道精神の根幹として、あらためて学び直すべき時代が来ていま す。いまこそ私たちは、お能が本来表現しようとしていたもの、その演目が語ろうとしていたものを、もっとごく自然に受け入れ、学び、日本人の心得としていくべきではないかと思います。

2―6　【コラム】天国と極楽浄土

天国というのは神や頭の上に輪のある天使などがいる清浄な天上の世界なのだそうです。極楽浄土は仏教の仏さまや菩薩が住む清浄な国土です。

具体的にイメージしてみると、天国も極楽浄土も、美しい世界であり、どこにいても美しい音楽が流れ、良い香りがして、人々がやさしくて食べ物が豊富な世界であるようです。街で人に会えば、誰もが丁寧にゆっくりした声で、「こんにちは～。きょうも良いお天気で～～」と声をかける。かけられた方も、「はあい。ほんにきょうは良いお天気で～～」と言葉を交わす、素晴らしい世界だといいます。そういえば昔『帰って来たヨッパライ』という歌謡曲があって、歌の中で、「天国よいとこ一度はおいで。酒はうまいしねぇちゃんはきれいだ」と歌っていました。

まあ、イメージ、そんな感じのところなのかもしれません。

けれど、みなさんならどうでしょう。たいていの方はそんなところ、三日いたら飽きます。筆者は間違いなく飽きます。おそらく三日もすると、

「すみません。どこかにスマホはありませんか？」

「あのぉ、パソコンはどこかにありませんか？」

「ここって、Wi-Fi は使えますか？」

それらが、全部ないとなれば、

「じゃあ、囲碁か将棋盤はありませんか⁉」

などと、言い出すかもしれません。人によっては、天国の住民にもっと楽しんでいただくために作曲をしたり、楽器を演奏したりする人もいるかもしれません。もっと美味しくて滋養のある食べ物を作ろうとする人もいるかもしれません。天国の衣装をもっと楽しむために、ファッションデザイナーをする人が現れるかもしれません。楽しみを共有するために、みんなと一緒にビジネスを始める人もいるかもしれません。要するに人間には、向上心があり、人は生きるために、あるいはよりよい神になるために、なんらかの刺激が必要だということです。

その刺激のことを現代用語では、「ストレス」と呼びます。けれどストレスとは重圧のことです。重圧なら人はその重圧に押し潰されるか逃げ出すか、選択肢は二つしかありません。

けれど「ストレス」というのは外来語です。もともと日本語には「ストレス」という用語はないのです。では何と呼んでいたかというと、「試練」です。そして「神は乗り越えられない試練は決して与えない」と信じられてきたのです。

終戦の頃、日本中が焼け野原となり、住む家も、食べ物さえもなくなりました。けれど人々は、「これは神々が与えてくださった試練なのだ。そして試練は、必ず乗り越えることができるものだ。よおし！　頑張ろう！」と、瓦礫《がれき》を片付け、住まいを作り、着物を売ってお米に替え、必死に生き抜いて来たのです。そのおかげで私たちの命があります。

いまこの瞬間も、誰もが苦難を抱えています。つらいことを抱えています。そして振り返ってみれば、思い通りになったことなど、生まれてこの方、数えるほどもなくて、毎日が苦難の連続です。そして、そんな苦難を、試練と思って乗り越えてきて、いまがあります。

考えてみれば、どこに行っても良い音楽が流れていて、良い香りがして、人々がやさしくて、いながらにして世界中の美味しいものが食べられて、人々が諸外国と比べて、とてもやさしくて、思いやりがある。そんな日本は、天国そのもの、極楽浄土そのものです。だから、大昔の日本は、諸外国から「扶桑国《ふそうのくに》」、「蓬莱山《ほうらいさん》」などと呼ばれてきました。扶桑国、蓬莱山とも、この世の天国のことをいいます。

つまり日本こそ極楽浄土であり天国です。天国も極楽も、どこか遠いところにあるわけではない。なんと、私たちの足もと、いま生きているこの日本にあるのです。
そしてそんな日本の国土において、私たちは、日々、様々な試練を受けています。
なぜなら、そんな試練がなかったら、生きていても、なんの刺激もなくて、おもしろくないし、魂を成長させることができない。試練があるから、魂を成長させることができるのです。

「乗り越えることができない壁はない」といいます。そしていまの日本は問題だらけです。「このままでは日本は本当に崩壊しかねない」その通りです。けれど、それを食い止めて、より良い未来を築くのは、いまを生きている私たちの務めです。日本という神々の国に生まれたことに感謝し、生んでくれた両親に感謝し、命を育んでくれた祖霊《それい》に感謝し、すこしでも良い未来を築いて、子たちや孫たちが、自分たちが生きた時代よりも、もっとマシな時代を生きることができるようにしていく。すくなくとも、私たちの父祖は、そのようにしてくれました。

昭和二十年代、三十年代の日本と現代とを比べたら、それこそ、現代日本の環境は天国そのものです。それはストレス社会だからそうなったのではありません。いつの時代も問題だらけでしたけれど、その問題をひとつずつ私たちの先輩たちが、毎日コツコツと、すこしずつ改善してくれてきたからこそ、現代日本の良さがあります。

私たちの父祖の時代には、戦争もあったし、徴兵もあったし、同僚が戦友が、自分のすぐ隣で頭を吹き飛ばされて何人もが死んでしまうような、そんな日々を過ごしてきました。寒い冬の夜は、すきま風が吹く家の中で、小さな火鉢で過ごしてきました。そんな生活をしながら、時代を拓き、気がつけばエアコンの効いた部屋の中で、いまではいながらにして、あらゆる情報に接することさえできるようになりました。そんな時代を誰が作ってくれたのかといえば、それは間違いなく苦労を重ねた私たちの父祖たちです。そのおかげで、良い時代を過ごさせていただいた私たちは、近年の日本が良くないからといって、「もう日本はおしまいだあ」と言いながら、ただ嘆くばかりで過ごすのでしょうか。

問題があるなら、解決すればよいのです。そのために必要なことを、日々積み重ねていくことです。それが天国に、極楽浄土に生まれさせていただいたことへの、最大の感謝であり、恩返しです。

つらいことがある。
悲しいことがある。

悔しいことがある。
いいじゃないですか。
それらがあるから、生きている意味があるのです。

そしてそのことを遺訓にしたのが徳川家康です。

人の一生は重荷を負うて遠き道を行くがごとし。急ぐべからず。
不自由を常と思えば不足なし。こころに望みおこらば
困窮したる時を思い出すべし。
堪忍は無事長久の基、いかりは敵と思え。
勝つ事ばかり知りて、負くること知らざれば害その身にいたる。
おのれを責めて人をせむるな。
及ばざるは過ぎたるよりまされり。

人の命が羽のように軽かった戦国時代を終わらせ、なんとしても泰平の世を築こうとした家康の心にあったのは、まるで極楽浄土のような日本を取り戻すことにあったのではないでしょうか。そして、そのために、みずから重い荷物を背負って、遠い道を歩いてきた。その道の先に家康が夢見たもの。それこそが、江戸時代の日本であったのではないでしょうか。

第三章

町方の暮らし

3―1　江戸の寺子屋教育

寺子屋というと、時代劇などのイメージで、なにやら書道とむつかしくて訳のわからない漢文の素読《そどく》ばかりやらされていた、といったイメージを持つ方もおいでになるようですが、実態はかなり違います。

子供たちは五～六歳になると、寺子屋に通うようになるのですが、寺子屋によって多少の違いはあるものの、最初に教えられるのは、行儀作法と、数字です。

寺子屋に入学した子供たちは、はじめに師匠を敬うこと、先輩を尊敬すること、朝の挨拶、夕べの挨拶、食事時の作法など、基本的な行儀作法を教わります。

そのうえで筆を持ち、「いろは」ではなく数字から文字を習いはじめます。これは理にかなっていて、数字なら「一、二、三」の横棒の書き方から、「四」になると「止め」が出てきて、「五」は縦の線の引き方、「八」で払いも学べるわけです。「九《く》」になると、横縦、払いの組み合わせになって、なかなか字の形を取るのに難儀しますから、九＝苦で、これをマスターすると、完成形としての「十」を学びます。「十」と書いて「じゅう」と読みますが、「じゅう」は「充」であり、「十九」と書いて「とく」になります。つまり九（苦）を通り越すと、充足して「とく（徳）」が生まれる。徳というのは、美しい心で、だから何事においても苦しみや大変なこと（九）はあるけれど、それを乗り越えることで充足し（十）、十九（徳）が生まれるのだと教わるわけです。

数字を習ったら、次は計算です。足し算、引き算だけでなく、八算（掛け算のこと）、見一《けんいち》（割り算のこと）も習います。学年が進むと算盤《そろばん》も教わる。

続いて習うのが「名頭《ながしら》」です。同じ寺子屋に通う子供たちや師匠などが持つ、それぞれの名字について、互いにその名字を覚えたり読み書きできるようになるだけでなく、それぞれの名字ごとの家系のいわれを学びました。最近では、日本人のような顔をして日本に住む、もともとの日本人ではないというややこしい人たちが、「日本の江戸時代の農民は百姓と呼ばれ、姓を持たなかった」などと意味不明の主張を展開したりしていますが、日本全国、誰にも名字（姓氏）はありました。「苗字帯刀を許さなかった」とも言いますが、なるほどいまの住民登録に該当するお寺などの宗旨人別帳（檀家帳）への記述には「○○村　戸主・嘉兵衛、妻・とよ」のように記載されていましたが、だからといって姓がなくなったわけではなく、どの家もご先祖から続く姓を持っていました。

また前にも書きましたが、百姓という用語も、昨今では差別用語であるような言い方がされますが、これまた全然違っていて、百というのは文武百官というように「たくさん」という意味です。つまり百姓というのは、「たくさん（百）の姓」を意味する単語ですから、姓がなければ「たくさん（百）の姓」を意味する「百姓」という言葉はないわけで、その意味からも「百姓は姓を持たなかった」というのは、それ自体が矛盾した説ということができます。

次に学ぶのが「方角」です。これは後に「地理」と名を変えますが、寺子屋を中心にして、その周囲にある町名や橋や道路が描いてある地図を使って、方位や、それぞれの地名や橋、道路などにまつわる沿革や由来（歴史）を学ぶものでした。日本全国、どんな地名にも、橋や道路の名前にも、それぞれに由来があり、意味があります。人は知れば知るほど、その対象を好きになりますから、それぞれの名称の由来を知ることで、地域社会への愛を育んだわけです。

さらに学年が進むと、手紙などの書き方の作法を通じて季節を学び、さらにビジネス文書の書き方や、仕事や商売をするうえでの心構えも教わりました。

また、学年が進むと男女の教室も別になりました。女子には口上文《こうじょうぶん》、文の書き方、仮名交じり文、女江戸方角、女消息往来《しょうそくおうらい》、女商売往来などの講義が行われました。平仮名《ひらがな》は漢字の草書体から生まれた字で、漢字との相性も良く、書き上がった文書も、女性らしい柔らかな見栄えの良い文章になります。そうした文を使って、女性らしさや、行儀作法、和歌などが教えられました。

男子は漢文で、カナはカタカナです。漢字はもともと神代文字が組み合わさってできた文字（これを会意文字といいます）です。神代文字は、一字一音で、一音ごとに意味があり、霊性があるとされていました。ですから男子は霊統を守るという意味から、神代文字であるカナ文字を用いて文を読み書きするものとされていたのです。

ちなみにカタカナは、戦後教育の中にあって漢字から派生した文字とされましたが、カナと漢字の対比表は、どうみてもこじつけでしかありません。たとえばカタカナの「ア」は「阿」という漢字の「阝」の部分から取ったもので、カタカナの「ヘ」は「部」という漢字の「阝」の部分からできたというのです。筆者には「阿」の「阝」も、「部」の「阝」も、同じ形にしか見えないのですが、みなさんはいかがでしょうか。またカタカナの「ツ」は「川」という漢字からできたというのですが、「川」と書いて「ツ」とは読めません。メは「女」という字の一部から生まれたというのですが、どうにもこじつけにしか思えません。そもそも漢字からカナが生まれたというけれど、漢字の音は、母音子音合わせて三十六音しかありません。これに対し日本語は五十音あります。どうみても無理があるのです。

そういえば「ハヒフヘホ」は、江戸時代には唇音《しんおん》といって、唇を近づけて「ファ・フィ・フ・フェ・フォ」のように発音されていたのだそうです。たとえば「腹が減った」は「ファラガフェッタ」となるわけで、昔の人が話す日本語を現代の人が聞いたら、とても奇妙に感じるかもしれません。

話が脱線しましたが、寺子屋では、上に述べた基礎教育を施すと同時に、入学早々から実語教《じつごきょう》と童子教《どうじきょう》が口誦《こうしょう》されました。学年が進むと、三字経、四書五経なども用いられるのですが、その基礎になるのが、実語教と童子教だったのです。

童子教には冒頭に、

夫貴人前居　夫《そ》れ貴人の前に居《お》ては
顕露不得立　顕露《けんろ》に立つことを得《え》ざれ
遇道路跪過　道路に遇《お》ふては跪《ひざまづ》いて過ぎよ

有召事敬承　召《め》す事有らば敬《うやま》つて承《うけたまわ》れ
両手当胸向　両手を胸に当てて向《むか》へ
慎不顧左右　慎《つつし》みて左右を顧《かえり》みざれ
不問者不答　問はずんば答へず
有仰者謹聞　仰《おお》せ有らば謹《つつ》しんで聞け

と教わり、その少し後には、

畜悪弟子者　悪《あ》しき弟子《でし》を畜《やしな》へば
師弟堕地獄　師弟《してい》地獄に堕《を》ち
養善弟子者　善《よ》き弟子を養《やしな》へば
師弟到仏果　師弟仏果《ぶっか》に到《いた》る
不順教弟子　教へに順《したが》はざる弟子は
早可返父母　早く父母に返すべし

不和者擬冤　　不和なる者を冤《なだ》めんと擬《ぎ》すれば
成怨敵加害　　怨敵《おんてき》と成《な》つて害を加ふ
順悪人不避　　悪人に順《したが》ひて避《さ》けざれば
絏犬如廻柱　　絏《つな》げる犬の柱を廻《めぐ》るが如し

と教わりました。要するに、いきなり師匠を敬うことを原点として教わり、その師匠の言うことを聞かないような弟子（昔は生徒のことを弟子といいました）は、さっさと父母のもとに返してしまえ、と繰り返し何度も教えられてきたわけです。そうしなければ「師弟ともに地獄に堕ちる」というのですからたいへんです。

　戦後日本の教育は「義務教育」とされて、全児童が小学校で学ぶことが国民の義務とされるようになりました。これは素晴らしいことなのだと、戦後教育を受けた我々は頭ごなしに教えられてきましたが、実は教育の荒廃はここから始まっているともいえるのです。なぜなら生徒には飛び切り優秀な生徒もいれば、残念な生徒もいるものです。ろくでなしの生徒を教室に置かざるをえなければ、結果として教師はそのろくでなしに合わせて授業を進めざるをえなくなります。そうなれば、普通の生徒にとっては、教室がまったく面白くない。結局戦後の学校では、そうしたろくでなしにあまりにも手間を取られすぎて、普通の子や優秀な子にはモノ足らず、ろくでなしにとっては邪魔くさいだけの学校に成り下がってしまっています。

実は江戸時代まで、どの時代における幕府にも、朝廷にも、文部省のような教育行政機構は存在しませんでした。とりわけ初等教育は、すべて民営の寺子屋などに委《ゆだ》ねられていました。なぜかというと、これを公的教育機関にしてしまうと、悪い生徒を学校から追い出せなくなるのです。けれど民営なら「当校の学風に合わない」という理由で、いつでもその生徒を放校できます。その緊張感が、学びの場には絶対に必要なのです。

では放校となったろくでなしはどのように教育するのかと言うと、それらの面倒を見たのが、地元の親分さんや、ろくでなしばかりを集めた私塾です。地廻りの親分さんのところでは、徹底的なシゴキがありましたし、親分さんのところで三下《さんした》になるなら命の保証はありません。私塾の方はというと、その伝統を受け継いだ明治の有名校に「にんじん畑」

と呼ばれた九州の「興志塾《こうしじゅく》」があります。ここは頭山満翁《とうやまみつる》などを生んだ私塾で、普通の寺子屋からはみ出したろくでなしを全国から集めて、全寮制で徹底した男子教育を行った、まさに「男塾」です。そしてこの「男塾」から、むしろ時代を誘導した多くの名士と呼ばれる大人物が多数輩出されています。どんな人でも可能性があるのです。

すべての寺子屋は官製学校ではなく、私塾です。そして私塾なので、塾として生き残れるかどうかは、そこの卒業生が、どのような人物に育ったのかに集約されます。上司の言うことを聞かない、仕事をさぼってばかりいる等々、そのような生徒しか輩出できないような寺子屋は、早晩、潰れて失《な》くなってしまうのです。逆に長く続く寺子屋は、生徒たちにとって先生は単に寺子屋の師匠というだけでなく、生涯の師匠となりました。なぜかといえば、寺子屋教育で男女とも共通しているのは、単に知識偏重の教育がされるのではなく、人としての在り方や生き方、道徳などが教育の要をなしていたからです。

いまでもすこし探せば全国あちこちに筆子塚《ふでこづか》と呼ばれる小さな石碑が立っています。千葉県では川崎喜久男さんという方が、昭和四十七年（一九七二年）から平成四年（一九九二年）まで二十年かけて千葉県下の「筆子塚」の分布を調査されているのですが、千葉県全域で三千三百五十基の筆子塚の所在を確認しています。筆子塚は、別名を、筆塚《ふでつか》、筆子塔《ふでことう》、筆子碑《ふでこひ》、あるいは師匠塚《ししょうつか》などといいます。多くが筆の形をした石で建てられています。主にお寺の境内などにありますが、古い旧家などでは、自宅の敷地内や門前に、この塚があるケースもあります。

では「筆子塚」とはいったい何かというと、寺子屋のお師匠さんの慰霊碑なのです。地元でお世話になった寺子屋のお師匠さん（先生）がお亡くなりになったとき、教え子たちが自分たちで費用を出し合って供養塔を建てたのが筆子塚です。はたして現代の小学校で、卒業生たちが担任の先生のためにと感謝の碑を建てたりするでしょうか。

寺子屋教育がいまの教育制度と大きく違ったことのひとつに、ひとつの教室に、上級生と下級生が同居していたということも挙《あ》げられます。小学生のうちに、すでに先輩として下級生を教える役目を経験するのです。そして人は、教わるより教えるときの方が、多くの学びを得るものです。

寺子屋において重要視されたもののひとつに、素読《そどく》があります。素読というと、なにやら難解なお経のような漢文を、ただひたすら声を揃えて音読させられるものだといったイメージがありますが、特に小学校の低学年のうちは、物覚えが良いものです。その物覚えが良いときに、一生の宝となる良い文を音読すると、子どもたちはすぐに丸暗記してしまうのです。そのときには意味がわからなくても、一生をかけて、その意味を問い続けることによって、人はより人間らしく生きられるようになるのです。

小学一年生で「さいた、さいた、さくらがさいた」という文を暗唱して一生の記憶にするのと、「山高きが故に貴《たつと》からず。樹《き》有るを以て貴《たつと》しとす。人肥《こ》へたるが故《ゆえ》に貴からず。智《ち》有るを以て貴しとす」と暗唱して生涯の宝とすることと、どちらが人生の役に立つでしょうか。そういう意味において、江戸時代の教育は、実に的を射た教育であったように思えます。

こうした童子教、実語教などを学ぶための教科書についても、ひとこと添えておきます。江戸時代にも教科書は全生徒に配布されましたが、その教科書は印刷物ではなく、全部、上級生の先輩が筆写したものでした。その筆写したものを和綴《わと》じして製本して、後輩に分けたのです。製本も先輩の上級生が行いました。いま残っているこうした童子教や実語教の教科書を見ると、とてもいまでいう小学生が書いたと信じられないほど、実に上手な立派な字で書写されています。特攻隊の皆様の遺書なども、実に見事な字で書かれていますが、江戸時代には、もっとすごかったといえるのかもしれません。いまの自分が恥ずかしい限りです。

また、素読に際して要求されたことが、「常に姿勢を正すこと」でした。正座をして、背筋を伸ばしたとき、天の気と自分の気が、首の付け根から背筋にかけての筋で一直線につながるのだそうです。そういうことの大切さは、歳を重ねると自然と理解できるようになるものです。

寺子屋で教える教師（師匠）については、明治初期に東京府が小学校整備のため実施した寺子屋の調査書があります。そこに寺子屋の教師（師匠）七百二十六名分の旧身分が記録されているのですが、ほぼすべてが平民（町人）の出身です。これは別段驚くことではなくて、東京府の人口構成は、町人が九十三パーセントを占めていましたから当然の結果です。そして女性の師匠も八十六名記載されています。

寺子屋の学費ですが、これはいまどきの学習塾や学校のように、定額のお金を納付するというものではありませんでした。多くの場合、生徒の親たちが、米や野菜を、ときたまお金などで納付していました。最低基準はありましたが、定額でいくら、といったものはなくて、たくさん払える人はたくさんに、そうでない人はそれなりに、といったものでした。

これには理由があって、江戸時代の人々の普通の考え方として、人にモノを施《ほどこ》せば、それは必ず自分に返ってくると考えられていたことによります。これを「施行《せぎょう》」といいます。お金も富も、お風呂のお湯と同じで、ジャブジャブと自分の方に掛け入れようとしても、お湯は逃げていってしまうだけです。反対に、お湯を向こうに押しやると、ちゃんと自分のところに戻ってくる。だから徳のある師匠に施行すれば、その分、徳となって自分に返ってくると考えられていたのです。

これは「とく」についての考え方の違いで、現代社会では「とく」は損得の「得」ですが、江戸時代の日本人にとっての「とく」は「徳」であったのです。「徳」という漢字は、もともとは行人偏（彳）に「悳」と書きました。この「悳」の「直」の部分の目が、横目になって「徳」になったのですが、要するに「徳」というのは、真っ直ぐな心で進むことを意味したのです。つまり人が真っ直ぐな心で生き、施行をすれば、それはそのまま自分の美徳となって返ってくると考えられていたのです。

そうした徳のある師匠のもとに、資金が集まれば、寺子屋は発展してもっと大きな私塾になります。するとその私塾からの徳のある卒業生が、数多く社会に出ていきます。それら徳のある卒業生が世の中の中心となれば、世の中そのものが住みやすい徳のある世の中になる。まさにそのような循環《じゅんかん》が営まれたのが、江戸時代の日本の教育であったのです。

おかげで日本人の教育レベルは極端に高く、たとえば江戸時代の識字率は一説によれば九十七パーセントもあったといわれています。この数字は同時代の世界を見渡しても類例がないほど高いものです。しかも当時は活字ではなく、崩した筆字の時代です。現代人の多くは筆者も含めて草書体で書かれた江戸時代の手紙文などをなかなか読み解くことができません。ということは、江戸時代の識字率の感覚でいうなら、現代日本人の識字率は限りなくゼロに近いということになります。いったい戦後の日本は、何を教育してきたのでしょうか。

幕末に黒船でやってきたペリーは『日本遠征記』の中で、次のように書いています。

「(日本人は)読み書きが普及していて、見聞を得ることに熱心である」

そしてペリーは、日本の田舎にまでも本屋があることや、日本人の本好きと識字率の高さに驚いたと書いています。

また、万延元年（一八六〇年）に来日したプロイセン海軍のラインホルト・ヴェルナー（エルベ号艦長）も『航海記』で、「子供の就学年齢はおそく七歳か八歳（当時は数え年）だが、彼らはそれだけますます迅速に学習する。民衆の学校教育は清国よりも普及している。清国では民衆の中でほとんどの場合男子だけが就学しているのと違い、日本ではたしかに学校といっても清国同様私立校しかないものの、女子も学んでいる。日本では、召使い女がたがいに親しい友達に手紙を書くために余暇を利用し、ボロをまとった肉体労働者でも読み書きができることで、われわれを驚かす。

民衆教育についてわれわれが観察したところによれば、読み書きが全然できない文盲は、全体の一パーセントにすぎない。世界の他のどこの国が、自国についてこのようなことを主張できようか？」と書いています。

文久元年（一八六一年）に函館のロシア領事館付主任司祭として来日したロシア正教会の宣教師ニコライは、日本に八年間滞在し、帰国後、日本について雑誌「ロシア報知」に次のように寄稿しています。

「（日本では）国民の全階層にほとんど同程度にむらなく教育がゆきわたっている。この国では孔子が学問知識のアルファかオメガであるということになっている。だがその孔子は、学問のある日本人は一字一句まで暗記しているものなのであり、最も身分の低い庶民でさえ、かなりよく知っているのである。

（中略）

どんな辺鄙《へんぴ》な寒村へ行っても、頼朝、義経、楠木正成等々の歴史上の人物を知らなかったり、江戸や都その他のおもだった土地が自分の村の北の方角にあるのか西の方角にあるのか知らないような、それほどの無知な者に出会うことはない。

（中略）

読み書きができて本を読む人間の数においては、日本はヨーロッパ西部諸国のどの国にもひけをとらない。日本人は文字を習うに真に熱心である」

果たしていまの日本人はどうでしょうか。

もうひとつ。慶応元年（一八六五年）に来日したドイツのシュリーマン（トロイアの遺跡発掘で有名）は、日本の印象として、

「教育はヨーロッパの文明国家以上に行き渡っている。清国を含めてアジアの他の国では女たちが完全な無知の中に放置されているのに対して、日本では、男も女もみな仮名と漢字で読み書きができる」

はてさて寺子屋の実力たるや恐るべしです。

明治四十一年（一九〇八年）に、日本人七百八十一人が初のブラジル移民となったのだけれど、同年六月二十五日のコレイオ・パウリスターノというブラジルの新聞は、日本人の識字率の高さについて、次のように書き記しています。

「移民七百八十一名中、読み書きできる者五百三十二名あり。総数の六割八分を示し、二百四十九名は無学だと称するが、まったく文字を解せぬというのではなく、多少の読書力を持っているので、結局真の文盲者は一割にも達していない」

また、江戸から明治、大正、昭和初期までの日本人の暗算能力は、世界でみてもずば抜けて高いものでした。また、先ほどのブラジルの新聞のコレイオ・パウリスターノの記載ですが、そこには「日本人の驚くべき清潔さと、規律正しさ、物を盗まないこと」などが、実に驚くべきこととして書かれています。

古来、日本の教育は、単に知識を詰め込むのではなく、知識を経由して「人格教育」が行われてきたのです。だからこそ、寺子屋の教師は、先生ではなく「師匠」と呼ばれたのです。戦後の教育は、日本人の精神性の破壊を企図したGHQと、その影響下でできあがった日教組教育によって、教育といえば知識偏重教育により、いまでは道徳などは劣後的な科目の扱いになっています。けれど、知識人というのは本来、人々の模範となる人のことを言うのです。

いまユネスコが世界寺子屋運動という活動をしています。いま世界で、学校に通えない子供が約六千七百万人、読み書きのできない大人が、約八億人います。そうした人々に、寺子屋を作り教育の場を提供しようという運動です。

発展途上国においては、読み書きや計算ができない、注意事項やマニュアルが読めない人々は、日雇いなどの過酷な労働条件の仕事にしかありつけません。そうした仕事は、季節や天候、雇用者側の都合で左右されるため、安定した収入になりません。基礎的な教育がなければ、労働者としての権利や、賃金や労働条件もわからないし、わからないからだまされるし、収入も安定しない。だから貧困が国を覆い、結果、社会が殺伐《さつばつ》となり、内乱や戦乱が相次ぎます。そうした現状をなんとかしようと、開始されたのがこの寺子屋運動です。

このことについて、ユネスコのホームページに、次の記載がありました。

【世界が抱える教育問題】http://www.unesco.or.jp/terakoya/issue/

「ネパールに住むタラマティ・ハリジャンは四十六歳。たった十二歳で結婚し、わずか十六歳で出産した。学校にも通えず、ただ家事をこなすだけだった。寺子屋に通い、四十一歳ではじめて文字の読み書きができるようになると、彼女は女性の権利を守る活動に参加するようになる。自分と同じような境遇の女性をひとりでも救いたい、そんな想いで。寺子屋が変えた人生が、他の誰かの人生を変えて行く。ネパールでは、いまだ四十四パーセントの女性が非識字者である」

読み書きができる、ということは、とても大切なことだと思います。社会が成長するためには、その基礎として、人々が読み書き、計算がちゃんとできることが必要だからです。けれど、それだけでは画竜点睛《がりょうてんせい》を欠くのです。人の道があって、初めて社会は高度に成長するのです。

戦後の日本がいい例です。戦前の徳育教育を受けた世代が社会の中核をなしている間、まるで焼け野原だった日本は、あれよあれよと言う間に、ぐんぐんと成長し、ついには世界第二位の経済大国にまでなりました。ところが戦後世代が社会の中核をなすようになった昭和六十年代以降、つまり終戦から三十年以上が経過し、社会が戦後世代に完全に受け継がれたとき、日本の成長はまるで急ブレーキをかけたかのように止まりました。いままでは、日本はどんどんと貧しい国になっていこうとしています。それればかりか、子供たちの教育レベルの低さは、いまや目を覆わんばかりです。

日本では、すでに平安時代中期には「村邑小学《そんゆうしょうがく》」という名の民間教育機関の記録が残っています。律令国家の形成にあたっても、やはり中核をなしたのは、国民教育だったのです。もっと昔の万葉集にも一般庶民の和歌がたくさん掲載されています。

思うのですが、いまの学校の先生たちが、亡くなったあと、生徒たちから遺徳を偲んで筆子塚を建立されるようになるでしょうか。逆に教育者の立場からしたら、自分の死後、教え子たちから筆子塚を建ててもらえるなんて、もったいないほどありがたく、また嬉しく、そして名誉なことなのではないでしょうか。そういう教育が、江戸時代の日本にあったということ、そしてその理由を、私たちはいま一度思い返してみる必要があるのではないでしょうか。

3―2　現金送金とイザベラ・バード

いまでは現金を送金するときは銀行のATMを使いますが、江戸時代にも現金の送金は頻繁に行われていました。どうやって行っていたのかというと、金飛脚《かねびきゃく》と呼ばれる人たちが、街道をエッホエッホと走って全国にお金の配送をしていました。

その金飛脚に、どうやって現金輸送を依頼したのかというと、これは先日お亡くなりになった加瀬英明先生から教えていただいたことですが、たとえば江戸から地方にある実家に現金を送金するときには、江戸の日本橋（いま日本橋三越のあるあたり）に、みんなが送金するお金を持参していました。日本橋は、東海道、日光街道、甲州街道、奥州街道、中山道の五街道の出発点であり、また全国から江戸にやってくる人たちの到達点でもあり、いまでいったら、新宿や渋谷の歩行者天国みたいに往来の華やかなところだったのですが、そこの橋のたもとに、竹で編んだ平たいザルがいくつも置いてありました。ザルには、全国の各藩の名前を書いた紙が貼ってありました。

現金を送金する人は、自分が現金を送りたい先の藩の名前が書いてあるザルに、風呂敷《ふろしき》に包《くる》んだ現金に宛先を書いた紙を貼ったものをただ置くだけでした。見張りも立会人もいません。送金手数料は、各地ごとにいくらいくらと書かれた箱が脇にあって、これまた誰も見ていないところで、送金を依頼する人が、指定された手数料を入れるだけでした。いまでも地方の農道脇などで、小さな小屋に野菜を並べて、欲しい人はお金を箱に入れて勝手に野菜を持って行くといった商売がされていいのを見かけますが、あれと同じです。

その現金送金所に、時間になると担当地域を持った金飛脚がやってきて、ザルの中のお金を竹竿《たけざお》の先に付けた箱に入れ、そのままそれを担《かつ》いで、エッホエッホと駆けて行く。ちなみにこの金飛脚、通常の郵便物を送る飛脚と異なり、腰に長脇差《ながわきざし》を一本差していました。現金送金者だからと、特別に脇差の帯刀を認められていたのですが、地方の夜道を走るこの金飛脚が強盗に襲われたという記録も、その被害届も、江戸二百六十年を通じて、一件もありません。つまり、まったく襲われることがなかったのです。

また現金送金所にしても、当時二百五十万の人口を持ち、世界最大の都市であった江戸です。その江戸から全国への送金となれば、おそらくそこには毎日、合計すれば何千両、いまのお金にしたら数千万円から数億円のお金が風呂敷包みに入っているとはいえ、いわばむき出し状態で置かれていたわけです。けれど江戸時代を通じて、日本橋のその見張りさえいない現金送金用のザルが泥棒被害に遭ったということも、ただの一件もありません。それが日本の江戸時代です。

そういえば、同じく加瀬先生から教えていただいたのですが、江戸時代の享保《きょうほう》年間といえば、テレビの時代劇の「暴れん坊将軍」で有名な将軍吉宗の治世です。享保年間は、ちょうど二十年続くのですが、その二十年間に、江戸の小伝馬町の牢屋に収監された犯罪者の数は、いったい何人だったかというと、これがなんとゼロ人です。誰もいなかったのです。

これは奉行所が仕事をしないでサボっていたからではありません。牢屋に入れられるような犯罪を犯《おか》す者自体がいなかったのです。

悪口についても、厳しいものでした。狭くて人間関係が濃密な日本ですから、人の噂話はありました。けれど悪口は言わない。言わなくても「察する」という文化が、そこにあったからです。そしてその「察する」という文化の源泉となっていたのが、たった三十一文字で万感の思いを伝える和歌の文化でした。江戸時代は、特に古典和歌の学習が盛んだった時代で、これがゲーム化されたものが百人一首のカルタ取りです。いまでは百人一首はカルタ取りのゲーム性ばかりに注目されますが、江戸時代には、それぞれの和歌の持つ意味が尊重され、自分で和歌を詠むときは、そうした古典和歌をモチーフにして、その和歌に自分の思いを乗せて、歌を詠むということが行われていました。たとえば百人一首の七番に阿倍仲麻呂《あべのなかまろ》の、

天の原　ふりさけ見れば　春日なる
三笠の山に　出でし月かも

という故郷への郷愁《きょうしゅう》を詠んだ歌がありますが、この歌をモチーフにして、

江戸の街　ふりさけみれば　雷門《かみなりもん》
故郷《くに》の鳥居に　出でし月かも

なんてやっていたわけです。

すこし時代は異なりますが、明治期の清国、韓半島、日本を紀行して、数々の写真とともに、当時の三国の状況を仔細に観察して紀行文《きこうぶん》を著《あらわ》したイザベラ・バード（Isabella Lucy Bird）という英国人の女性旅行家・紀行作家がいます。生まれたのが一八三一年（天保二年）、亡くなったのが一九〇四年（明治三十七年）です。

彼女は明治十一年（一八七八年）六月から九月にかけて、東京市を起点に日光から新潟へ抜けての旅をしました。その当時は、まだ江戸時代の風俗習慣が色濃く残っていた時代です。

栃木から鹿沼市へ抜ける日光杉並木を観て、「よく手入れされた麻畑や街道沿いの景色に日本の美しさを実感した」と綴《つづ》り、日光で滞在した金谷邸では、その内外に日本の牧歌的生活があると絶賛し、ここには丸二週間滞在しています。

日光滞在十日目に訪れた奥日光では、梅雨時の豊かな水と太陽に育まれた植物であるコケ、シダ、木々の深緑、そして鮮やかに咲き誇る花々が、中禅寺湖、男体山、華厳滝、竜頭滝、戦場ヶ原、湯滝、湯元湖を彩る様子を闊達《かったつ》に描写し、惜しみない絶賛を与えています。街道の終点である湯元では、温泉を訪れている湯治客の様子を詳細に記し、その宿屋が「たいへん清潔である」と評し、「ここは埃《あか》まみれの人間ではなく、妖精《ようせい》が似合う宿である」と形容しています。

さらに山形県の赤湯温泉では、置賜《おきたま》地方を「エデンの園」と称え、その風景を「東洋のアルカディア」と評しました。アルカディアというのは、ギリシャ神話に出てくる理想の楽園のことです。

彼女は、『日本奥地紀行』で当時の日本を次のように書いています。

「私はそれから奥地や蝦夷を千二百マイルに渡って旅をしたが、まったく安全でしかも心配もなかった。世界中で、日本ほど婦人が危険にも無作法な目にもあわず、まったく安全に旅行できる国はないと信じている」

「私は、これほど自分の子どもをかわいがる人々を見たことがない。子どもを抱いたり、背負ったり、歩くときには手をとり、子どもの遊戯をじっと見ていたり、参加したり、いつも新しい玩具をくれてやり、遠足や祭りに連れて行き、子どもがいないといつもつまらなそうである」

「いくつかの理由から、彼らは男の子の方を好むが、それと同じほど女の子もかわいがり愛していることは確かである。子どもたちは、私たちの考えからすれば、あまりにもおとなしく、儀礼的にすぎるが、その顔つきや振舞いは、人に大きな好感をいだかせる」

「ヨーロッパの多くの国々や、わがイギリスでも地方によっては、外国の服装をした女性の一人旅は、実際の危害を受けるまではゆかなくとも、無礼や侮辱の仕打ちにあったり、お金をゆすりとられるのであるが、ここでは私は、一度も失礼な目にあったこともなければ、真に過当な料金をとられた例もない。群集にとり囲まれても、失礼なことをされることはない」

「ほんの昨日のことであったが、革帯一つ、忘れものをしていた。もう暗くなっていたが、その馬子はそれを探しに一里も戻った。彼にその骨折賃として何銭かあげようとしたが、彼は、旅の終りまで無事届けるのが当然の責任だ、と言って、どうしてもお金を受けとらなかった」

「彼らは礼儀正しく、やさしくて勤勉で、ひどい罪悪を犯すようなことはまったくない」

「日本の大衆は一般に礼儀正しいのだが、例外の子どもが一人いて、私に向かって、中国語の『蕃鬼』（鬼のような外国人）という外国人を侮辱する言葉に似た日本語の悪口を言った。この子はひどく叱られ、警官がやってきて私に謝罪した」

「家の女たちは、私が暑くて困っているのを見て、うやうやしく団扇《うちわ》をもってきて、まる一時間も私をあおいでくれた。料金をたずねると、少しもいらないと言い、どうしても受けとらなかった。彼らは今まで外国人を見たこともなく、少しでも取るようなことがあったら恥ずべきことだと言った」

「吉田は豊かに繁栄して見えるが、沼は貧弱でみじめな姿の部落であった。しかし山腹を削って作った沼のわずかな田畑も、日当たりのよい広々とした米沢平野と同じように、すばらしくきれいに整頓してあり、まったくよく耕作されており、風土に適した作物を豊富に産出する。これはどこでも同じである。草ぼうぼうの『なまけ者の畑』は、日本には存在しない」

「どこでも警察は人々に対して非常に親切である。抵抗するようなことがなければ、警官は、静かに言葉少なく話すか、あるいは手を振るだけで充分である」

「祭りに浮かれている三万二千の人々に対し、二十五人の警官で充分であった。私はそこを午後三時に去ったが、そのときまでに一人も酒に酔っているものを見なかったし、またひとつも乱暴な態度や失礼な振舞いを見なかった。私が群集に乱暴に押されることは少しもなかった。どんなに人が混雑しているところでも、彼らは輪を作って、私が息をつける空間を残してくれた」

「私はどこでも見られる人びとの親切さについて話したい。二人の馬子は特に親切であった。私がこのような奥地に久しく足どめさせられるのではないかと心配して、何とか早く北海道へ渡ろうとしていることを知って、彼らは全力をあげて援助してくれた。馬から下りるときには私をていねいに持ち上げてくれたり、馬に乗るときは背中を踏み台にしてくれた。あるいは両手にいっぱい野苺を持ってきてくれた。それはいやな薬の臭いがしたが、折角《せっかく》なので食べた」

「私の宿料は（伊藤の分も入れて）一日で三シリングもかからない。どこの宿でも私が気持ちよく泊れるようにと心から願っている。日本人でさえも大きな街道筋を旅するのに、そこから離れた小さな粗末な部落にしばしば宿泊したことを考慮すると、宿泊の設備は蚤《のみ》と悪臭を除けば、驚くべきほど優秀であった。世界中どこへ行っても、同じような田舎では、日本の宿屋に比較できるようなものはあるまいと思われる」

「誰の顔にも陽気な性格の特徴である幸福感、満足感、そして機嫌のよさがありありと現れていて、その場所の雰囲気にぴったり融けあう。彼らは何か目新しく素敵な眺めに出会うか、森や野原で物珍しいものを見つけて感心して眺めている時以外は、絶えず喋り続け、笑いこけている」

「しばらくの間馬をひいて行くと、鹿皮を積んだ駄馬の列を連れて来る二人の日本人に会った。彼らは鞍を元通りに上げてくれたばかりでなく、私がまた馬に乗るとき鐙《あぶみ》をおさえてくれ、そして私が立ち去るとき丁寧におじぎをした。このように礼儀正しく心のやさしい人びとに対し、誰でもきっと好感をもつにちがいない」

「伊藤は私の夕食用に一羽の鶏を買って来た。ところが一時間後にそれを絞め殺そうとしたとき、元の所有者がたいへん悲しげな顔をしてお金を返しに来た。彼女はその鶏を育ててきたので殺されるのを見るに忍びない、というのである。こんな遠い片田舎の未開の土地で、こういうことがあろうとは。私は直感的に、ここは人情の美しいところであると感じた」

ちなみにそのイザベラ・バードは、朝鮮を一八九四年に訪問しています。釜山、ソウルに滞在した後、漢江流域を踏査し元山へ、そして同年十一〜十二月にはロシア領内の朝鮮人社会を視察し『朝鮮紀行』を著しました。当時の朝鮮は、日本が統治する以前、李氏朝鮮末期の時代にあたります。

「朝鮮人には猜疑、狡猾、嘘を言う癖などの東洋的な悪徳が見られ、人間同士の信頼は薄い。女性は隔離され、ひどく劣悪な地位に置かれている」

「政府、法律、教育、礼儀作法、社会関係そして道徳における中国の影響には卓越したものがある。これらすべての面で朝鮮は、強力な隣人の弱々しい反映に過ぎない」

「私は北京を見るまではソウルを地球上で最も不潔な都市、また紹興（中国浙江省北部の県）の悪臭に出会うまでは最も悪臭のひどい都市と考えていた。大都市、首都にしてはそのみすぼらしさは名状できない程ひどいものである」


「礼儀作法のために、二階家の建造が禁じられている。その結果二十五万人と見積もられている人びとが地べたの主として迷路のような路地で暮らしている。その路地の多くは、荷を積んだ二頭の雄牛が通れないほど狭い。実にやっと人ひとりが、荷を積んだ雄牛一頭を通せる広さしか無い。さらに立ち並んでいるひどくむさくるしい家々や、その家が出す固体や液状の廃物を受け入れる緑色のぬるぬるしたドブと、そしてその汚れた臭い縁によって一層狭められている」

「ソウルには美術の対象になるものが何も無く、古代の遺物ははなはだ少ない。公衆用の庭園も無く、行幸の稀有な一件を除けば見せものも無い。劇場も無い。ソウルは他国の都市が持っている魅力をまるで欠いている。ソウルには古い時代の廃墟も無く、図書館も無く、文学も無い。しまいには他には見出せないほどの宗教に対する無関心から、ソウルは寺院無しの状態で放置されている。一方未《いま》だに支配力を維持しているある種の迷信のために、ソウルには墓がないままにされている」

「ミラー氏と召し使いが綱を強く引っ張っている時、私はしょっちゅう川岸沿いに独りぼっちで、二時間か三時間ぶらついていた。その小道が淋しい所かまたは村に通じていようがいまいが、私は、ひどく躾の悪い遣り方で示された好奇心以上の不愉快なものには一度も出会わなかった。そしてそれは、主として女性によるものであった」

「その肩に税の重荷が掛かっている人びと、つまり特権を持たない厖大《ぼうだい》な大衆が、両班《やんばん》にひどく苦しめられているのは、疑いない事である。両班は代金を支払わないで、人びとを酷使して労働させるばかりでなく、さらに貸付金の名目で、無慈悲に強制取り立てを行っている。ある商人か農夫がある程度の金額を蓄えたと噂されるか知られると、両班または役人が貸付金を要求する」

「女の人たちと子供たちは山のようになって、私の寝台の上に坐った。私の衣服を調べた。ヘアピンを抜いた。髪を引き下ろした。スリッパを脱がした。自分たちと同じ肉や血なのかどうか見るために、私の着物の袖を肘まで引き上げて、私の腕を抓《さす》った。私の帽子を被ってみたり、手袋を嵌めてみたりしながら、私のわずかばかりの持ち物を詳しく調査した」

「長安寺から元山への内陸旅行の間、私は漢江の谷間でよりも、朝鮮の農法を見る良い機会に恵まれた。日本のこの上なく見事な手際のよさと、中国の旺盛な勤勉に比べて、朝鮮の農業は無駄が多く、だらしない」

「朝鮮では、私は朝鮮人を人種の滓と考え、その状況を希望の持てないものと見做すようになっていた」

「私は出発する前に、無感動できたなく、ぽかんと口を開け、貧しさにどっぷり浸っている群集に包囲されて、宿屋の中庭のごみ、むさ苦しさ、がらくた、半端物の真ん中でじっとしていた。朝鮮人は見込みのない、無力で哀れな痛ましい、ある大きな勢力に属している単なる羽に過ぎないと感じた」

「もしある人が小金を貯めたと伝えられると、役人がその貸与を要求する。仮にその要求を承諾すると、貸し手は往々にして元金または利息に二度と会えなくなる。もしその要求を拒絶すると、その人は逮捕され破滅させるために捏造《ねつぞう》されたある種の罪で投獄される。そして要求された金額を差し出すまで、彼か親類の者が鞭打たれる」

「狭量、千篇一律《せんぺんいちりつ》、自惚《うぬぼ》れ、横柄、肉体労働を蔑《さげす》む間違った自尊心、寛大な公共心や社会的信頼にとって有害な利己的個人主義、二千年来の慣習や伝統に対する奴隷的な行為と思考、狭い知的なものの見方、浅薄な道徳的感覚、女性を本質的に蔑む評価などが朝鮮教育制度の産物と思われる」

「朝鮮の大きくて普遍的な災難は、大勢の強壮な男たちが、少しましな暮らしをしている親類か友人に頼るか、たかりに耽《ふけ》る習慣である。それを恥としないし非難する世論も無い。少ないけれども一定の収入がある人は、多くの親類、妻の親類、大勢の友人、親類の友人たちを扶養しなくてはならない」

「一八九七年の明確に逆行する動きにも拘《かか》わらず、私はこの国の人びとの将来に希望が無いとは決して思わない。だが、次の二つの事が非常に重要である。

1、朝鮮は、内部からの改革が不可能なので、外部から改革されねばならない事。

2、君主の権力は、厳しくて永続的な憲法上の抑制の下に置かねばならない事」

バードは一八九五年十二月に上海に渡ります。上海から揚子江を万県まで遡り、さらに陸路を保寧府、成都まで進みました。彼女は、当時の清国の社会の活力と公正さを高く評価するけれど、それは最悪の朝鮮社会を見た直後だったからかもしれません。

「清国人は無学であるし、信じがたいほど迷信深い。だが、概していえば、いろいろな欠点はあるにしろ、ひたむきさという点では他の東洋民族にはないものがあるように思われる」

「（文人階級の）多くの人々の無知さ加減はひどい。それは宿坊での会話の中にとめどもなく現われてくる。軍のある高官は、劉を頭とする黒旗軍が台湾から日本人を駆逐したとか、劉が神々に誓った誓いと祈りが功を奏して台湾海峡が大きく口を開いたとか、ロシア、イギリス、フランス、日本の海軍が戦渦に広く巻き込まれ、やられてしまったとか言って憚らなかった」

「清国で仁が重んじられているという印象は日常生活からはさほど受けない。清国人の性格に関するこの国での一般的な見解は、冷酷、残忍、無慈悲で、徹底して利己的であり、他人の不幸に対して無関心であるというものである」

「彼女たちの質問はまことに軽薄だったし、好奇心は異常なまでに知性を欠いていた。この点で日本人の質問とは好対照だった。ここには、していることに目新しさも多様さもなく、食べることと書くことだけをしている人間を何時間にもわたってジロジロ見ることに費やすという、大人としての異常なまでの無神経さが見てとれた」

「群集はどんどん増え、囃し立てたり怒鳴ったりして、やかましくなった。口々に『洋鬼子』、『外国の悪魔』とか『吃孩子（子供食い）』と叫ぶ声がどんどん大きくなり、怒号と化していくのがわかった。狭い通りはほとんど通れなくなった。私が乗った車は、何度も何度も棒で叩かれた。泥や嫌な臭いのするものが飛んできて命中した。ほかの連中よりも大胆なのか臆病なのかわからないが、一人の身なりのよい男が私の胸を斜めに強打した。叩かれたところはみみず腫れになった。後ろから両肩を強打する連中もいた。わめく輩は最悪だった。激昂した清国の暴徒だった」

「信じられないような汚さ、古い英語を用いないと表せないようなひどい悪臭、薄汚なさ、希望のなさ、騒がしさ、商売、そして耳障りな騒音は清国の都市に共通する特徴である」

「清国の町のごろつき連中は、無作法で、野蛮で、下品で、横柄で、自惚れが強く、卑劣で、その無知さ加減は筆舌に尽くせない。そして表現することも信じることもできないような不潔さの下に暮らしている。その汚さといったら想像を絶するし、その悪臭を言い表せる言葉は存在しない。そんな連中が日本人を、何と『野蛮な小人』と呼ぶのである！」

「トルコやペルシャ、カシミール、朝鮮を、私のように数年にわたって旅したことがある人なら、清国の人々が虐《しいた》げられた国民などではさらさらないことがわかって驚くことになる。また現制度下にあってさえ、賄賂《わいろ》はあるものの税は軽く、働けば金になり、理にかなった自由もかなりあることがわかって驚くことになる」

「大勢の薄汚い役人が何もせずにぶらぶらしているといったことはなかった。この点は朝鮮とは異なっていた」

「飛び道具は手近にいくらでもあった。石の一部は轎《くるま》や轎《かご》かきに当たったし、私の帽子にも当たって帽子が飛ばされてしまった。『外国の悪魔』とか『外国の犬』という叫び声のすさまじさといったらなかった。石が轎めがけて雨霰のように投げつけられた。そしてひとつの大きな石が私の耳の後ろに命中した。このひどい一撃によって、私は前に倒れ込み、気を失ってしまった」

「病気の苦力《くーりー》は木の下に横たえられた。私はその男の燃えるような額に濡れたハンカチを当ててやった。

そのとき清国人の潜在的な残虐性が現われた。あの実に愛らしい創造物である観音《かんのん》が広く崇拝されているのに、この連中には何の感化も及ぼしていないことがわかった。何も運んでいない苦力が五人いたので、一匹のラバの荷物を五人で分け合い、病気の男をラバに乗せるように提案してみたけれど、拒絶したのである！　この十二日間、寝食をともにしてきた男なのにである。お前達はこの男をここに置き去りにして死なせるつもりかと尋ねると、彼らはせせら笑いながら、『死なせればいい。もう何の役にも立ちませんぜ』とのたまった。病気の男が懇願《こんがん》した水が目と鼻の先にあったにもかかわらず、それをやろうとさえしなかった」

最後に、ペリー提督の日本評をひとつ。

「日本人は自分の祖国に対しては感激家で、先祖の偉業を誇りとしている。教養ある人も普通の人も天皇の古い皇統に対し限りない愛情を抱き、古い信仰や風俗習慣を重んじる。それゆえ外国人が、日本人の民族性に追従し、彼らの宗教や風俗習慣を尊重し、そして原始時代の伝統や神として崇められた英雄の賛美に好意をもって耳をかたむける」

《おまけ》

「日本人は笑い上戸で、心の底まで陽気である。日本人ほど愉快になりやすい人種は殆どあるまい。良いにせよ悪いにせよ、どんな冗談でも笑いこける。そして子どものように、笑い始めたとなると、理由もなく笑い続けるのである」

（仏人、ボーヴォワル）

3―3　清水次郎長と江戸時代の凶状旅

清水次郎長《しみずのじろちょう》といえば、幕末から明治にかけて、東海道だけでなく全国に名を轟かせた大親分です。石松の三十石船で有名な広沢虎造の浪曲でも有名です。

讃岐《さぬき》の金毘羅《こんぴら》様へ刀と奉納金を納めた遠州森の石松が、帰り道に大坂から京都に向かって三十石船に乗ります。

船の中で、お江戸は神田の生まれという江戸ッ子が、

「清水港に住む山本長五郎、通称清水次郎長が、街道一の親分よ！」と啖呵《たんか》を切るので、親分のことを褒《ほ》められて嬉しくなった石松は、その江戸ッ子に、

「もっとこっちへ寄んねえ」と声をかけました。酒を勧めて、

石「呑みねえ、呑みねえ。江戸ッ子だってねえ」

江「オゥ、神田の生まれよ」

石「そうだってねえ。次郎長にゃいい子分がいるかい」

江「いるかいどころの話じゃねえよ。千人近く子分がいる。その中でも貸元をつとめて他人様から親分兄貴と言われる人が二十八人。これを唱えて清水の二十八人衆ってんだ。この二十八人衆のなかに次郎長ぐらい偉いのが、まだ五、六人いるからねえ」

　嬉しくなった石松は、

石「で、五、六人とはいったい誰でえ」

江「清水一家で強いと言えば、一に大政、二に小政、三に大瀬の半五郎、四に増川の仙右衛門……」

　と続くのですが、なかなか石松の名前が出てこない。いい加減焦《じ》れた石松、

石「おめえ、あんまり詳しくねえな。次郎長の子分で肝心なのを一人忘れてやしませんかってんだ。この船が伏見に着くまででいいから、胸に手ェあてて良〜く考えておくれ。もっと強いのがいるでしょが。特別強いのがいるんだよ。お前さんね、何事も心配しねぇで気を落ち着けて考えてくれ。もう一人いるんだよお」

江「別に心配なんかしてやいねぇやい。どう考えたって誰に言わせたって清水一家で一番

で強いと言やぁ、大政に小政、大瀬半五郎、遠州森のい……」
石「ん？」
江「大政に小政、大瀬半五郎、遠州森のい……うわぁ〜客人すまねェ、イの一番に言わなきゃならねぇ清水一家で一番強いのを一人忘れていたよ」
石「へ〜。で、誰だいその一番強ぇってぇのは」
江「こりゃあ強い。大政だって小政だってかなわねえ！　清水一家で離れて強い！　遠州森の生まれだぁ！」
石「へえ。そこのところをもう少し聞かせてくれや、誰が一番強いって？」
江「こりゃあ強ぇ。遠州森の福田屋という宿屋の倅《せがれ》だ！」
石「なるほど！」
江「森の石松ってんだい。これが一番強いやい！」
石「呑《の》みねぇ、呑みねぇ、寿司食いねぇ、もっとこっちへ寄んねぇ。江戸っ子だってねえ」
江「神田の生まれだい」

石「そうだってなぁ。そんなに何かい、その石松は強いかい？」

江「強いかいなんてもんじゃないよ。神武この方、バクチ打ちの数ある中で、強いと言ったら石松っつぁんが日本一でしょうなあ！」

石「へぇっ、そいつぁ凄い！」

江「強いったって、あんな強いのいないよ。だけど、あいつは人間が馬鹿だからね」

と、楽しい掛けあいが続くのですが、森の石松のお話はまた今度ということにして、親分の清水次郎長です。

上の石松の三十石船で有名な広沢虎造の浪曲をはじめ、映画やテレビで繰り返し取り上げられていますので、ほとんどの方は、ご存知であろうかと思います。

清水次郎長は、文政三年（一八二〇年）一月一日に、いまの静岡市清水区に生まれた人です。当時は元日の生まれの子は極端に偉くなるか、とんでもない悪人になるかのどちらかといわれていて、ならばしっかりとした人に育ててもらわなければならないだろうということで、生後まもなく母方の叔父で米屋を営む甲田屋の主《あるじ》山本次郎八《じろはち》のもとに養子に出されました。

清水次郎長の本名は山本長五郎ですが、「山本次郎八さんの家の長五郎」が詰まって次郎長と呼ばれるようになったのだそうです。養父の次郎八が逝去し、若くして次郎長が甲田家を継いだのが次郎長十六歳のとき。この頃の清水港では、富士山の脇を流れる富士川を利用して、信州や甲府で集められた年貢米をいったん清水港に集め、そこから江戸に海上輸送していました。甲田屋は、そんな米の輸送業を営むお店で、その後次郎長は結婚もして家業に精を出すのだけれど、天保十四年（一八四三年）ふとした喧嘩のはずみで、次郎長は人を斬ってしまうのです。

そこで次郎長は妻と離別し、姉夫婦に甲田屋の家督を譲って、江尻大熊らの弟分とともに清水港を出て、無宿人となって諸国を旅して回ります。これが凶状旅《きょうじょうたび》と呼ばれるもので、罪を背負った人が、あちこちの親分さんのところを回り、一宿一飯の世話になりながら全国行脚する、というものでした。このことは、現代人の感覚では、逮捕を免れるための逃亡《とうぼう》ということになりますが、当時の感覚ではそうではありません。むしろ積極的に罪を償《つぐな》おうとする習慣でした。

江戸時代は、各藩がいわば独立国のような存在でしたから、駿府で犯罪者となっても、国を出れば捕まることはありません。そこで時効が成立するまで、名だたる親分衆のところを全国行脚して男をみがくということが行われたのですが、これはとっても厳しい旅でした。というのは、凶状持ち（犯罪者）ですから、あたりまえのことですが、お寺で発行する身分証は携帯できません。そして身分証がなければ、全国どこの地域にあっても、長屋を借りてそこに住むということはできなかったのです。これは当然のことで、どこの馬の骨かわからない人を長屋に入居させて、万一それが犯罪者とわかれば、長屋はお取り潰し（これは本当に長屋ごと壊されました）になりますし、長屋の家主は遠島です。向こう三軒両隣の人は、その後ずっと高額の税を課せられるし、払えなければ、やはり遠島です。そして遠島になれば、腕に墨を入れられて、もはや一般世間では生活できず、非人となって非人部落で苦役をして、命を危険にさらしながら贖罪《しょくざい》を生涯し続けることになるのです。本当にたいへんなことになったのです。

そういう次第ですから、凶状持ちは、どこか別な町に行って、そこで大人しく暮らすなんてことはまったくできません。つまり、ヤクザの親分さんのところで面倒を見てもらう他なかったのです。親分さんの方も、その辺をよく心得ていて、凶状持ちの寝床と食事の面倒を見る代わりに、凶状持ちを犬猫同然にこき使う。こき使われても、逃げることはできないのです。そして一定期間こき使って、それでも音《ね》を上げなければ、「よく辛抱したな。ウチではもう教えることなど何もない、紹介状を書いてやるから別な親分さんのところへ行きな」と、次の親分さんを紹介されるのです。

これを「男みがき」と言いました。

「みがき」というのは、日本神話からくる思想で、我が国は宝鏡奉斎《ほうきょうほうさい》といって、鏡は天照大御神から渡された神聖なものです。「かがみ」は、「か」が「見えないちから（＝神の力)」で、「み」が「我が身」です。その神の力と我が身の間に「が」、すなわち「我《が》」が入ったものが「かがみ」で、「かがみ」の前で「が《我》」を取り払えば、それが「かみ《神》」になります。そして鏡は、ほっておけば曇りますから、常に磨かなければなりません。これと同じように自分を「みがく」ことが、江戸時代にはとても大切なこととされていたのです。

　まして事情があったとはいえ、凶状持ちとなった身です。全国の名だたる親分さんたちをめぐり、教えを請うて、より一層厳しく自分をみがく。これが「下座《げざ》」と呼ばれる修行で、親分さんのもとで、最低の下働きを徹底的にさせられるのです。

　これは、自分から進んで行う懲役刑のようなものといえます。役人の手を煩わせるのではなく、むしろ自分から懲役を（自分の意志で）実行したのです。そうすることで犯罪を犯した過去の自分よりも、さらに一層進歩した磨かれた自分に成長して、時効が成立するまで修行をして、国もとに帰るのです。そしてこの時効期間は、牢屋に入るよりも、もっと長い期間でもあったのです。

悪事を働くことや、ましてや人を殺《あや》めることは、どんな事情があっても、決して許されるものではありません。けれど、それをしなければならなかった自分というものは、それだけ穢《けが》れていたわけです。だからもう一度、一から修行して、魂を根底から磨き直そうとしたのです。これはむしろ入牢《にゅうろう》するより、もっと過酷なものといえます。だから犯罪を犯した者が、お上の手を煩わせるのではなく、自分から進んで男みがきの下座修行の旅に出たのです。

こうして時効が成立すると、下座修行も終了し、凶状持ちとなった次郎長は、清水港に帰ります。旅を終えた次郎長は、弘化四年（一八四七年）に、弟分の江尻大熊の妹お蝶《ちょう》を妻に迎え、清水に一家を構えました。下座《げざ》修行を終えたということは、たっぷりと男をみがいて帰ってきたのですから、清水港の人々は、次郎長を歓迎し、親分と称《たた》えるようになったのです。

このあたり、少し説明が必要です。この時代のヤクザの親分というのは、現代の暴力団とは種類も意味も異なります。町の親分というのは、町のゴロツキを集めて、自分の家でたっぷりと修行させ、一人ひとりを真人間にしていく家業です。そして町の親分は、火災などの災害や、町で行う各種の労役に進んで子分たちを出し、そこでしっかりと働かせる。これがヤクザの親分衆の仕事でした。

「〇〇一家」という名乗りも、日本社会の価値観の縮図です。江戸時代までの日本は、社会がすべてにおいて「家」を単位に社会が構成されていたのです。たとえば大名にしても、山内家であり、上杉家であり、浅野家であり、井伊家、松平家等々、藩主を家長とする「家」です。

そこで勤める藩士たちも、それぞれ「家」を持ち、家督も俸禄も「家」を単位として形成されています。たとえば徳川家には八万騎の旗本、御家人がいるとされていますが、その旗本や御家人たちは、それぞれ佐藤家であり、榊原家であり、松平家であり、井伊家、勝家等々の「家」の集まりです。「家」が集まって、藩という名の「家」を構成し、その諸藩が集まって「日本」という「家」が形成されている。その「家」の中の本家の中の総本家が、天皇です。

日本は、いまから二千六百七十五年前に、神武天皇が即位された際、建国の理念として「八紘《はちこう》をおおいて一宇《いちう》となす」と述べられました。「八紘」は四方八方の意、一宇は「ひとつ屋根の下」という意味です。「四方八方をおおって、ひとつ屋根の下に暮らす家族のような国家を築く」これが日本建国の理念です。ですから、大名も会社も家族、もちろん我が家も家族、そして清水一家のような者でも、まさに「一家」つまり「家族」を名乗ったのです。

さて清水一家ですが、保下田《ほげた》の久六《きゅうろく》を斬ったり、富士川舟運の権益を巡《めぐ》って甲州の黒駒《くろこまの》勝蔵《かつぞう》親分と抗争を繰り広げたりしながら、次第に勢力を増し、気がつけば配下千人の大一家に成長しています。

幕末も風雲急を告げた慶応四年（一八六八年・明治元年）、次郎長四十九歳のときのことです。年明け早々に京都で鳥羽伏見の戦いが起こりました。この戦いのあと、有栖川宮《ありすがわのみや》様を大総督とする東征官軍が京都を出発して東海道を東に向かって進発します。問題は駿府（静岡）です。駿府といえば、徳川家のお膝元です。ここを通過するとき、街の住民も含めて、何が起こるかわからない。

そこで官軍は、街道筋の年貢を、従来の幕府の半分にするというお触れを出すとともに、遠州浜松藩の家老であった伏谷如水《ふせやじょすい》を駿府町差配役に任命します。この伏谷如水が次郎長に、旧来の事件すべての赦免《しゃめん》と引換えに、街道の警固役を命じます。

こうして次郎長は明治元年三月から七月まで街道警固役を無事務めるのですが、その年の九月、幕府側の軍艦の咸臨丸《かんりんまる》が、品川沖から函館に向かう途中で台風の影響による暴風雨にあい、榎本艦隊とはぐれて、下田港に漂着してしまうのです。そして救助に来た蟠竜丸とともに清水港に入港します。咸臨丸は、勝海舟や福沢諭吉らがかつてアメリカに渡ったときに用いた船です。

九月十一日、蟠竜丸が先に清水港を出発したあとに、咸臨丸がさあ出航しようとしたときです。明治新政府の艦隊が清水港に現れて咸臨丸を急襲し、船は清水港内で沈没してしまうのです。このとき次郎長は、傷ついた徳川方の軍人を官軍の目が届かないように密《ひそ》かに逃がし、湾内に浮遊する遺体を拾い集めて、手厚く供養《くよう》して葬《ほうむ》っています。けれど実はこのとき、「賊軍に加担する者は厳罰に処す」というお触れが出ていました。湾内に浮かぶ遺体は、すでに腐乱し始めていたけれど、このお触れのために、誰も遺体を片付けることができないでいたのです。けれど次郎長は、堂々と子分を引き連れて小舟を出し、港に浮かぶ遺体の回収と、回向と埋葬を行っています。

当然次郎長は、官軍に出頭を命じられています。けれどこのとき次郎長は、「敵だろうが味方だろうが、死ねば仏だ。仏に官軍も徳川もあるものか。仏を埋葬することが悪いと言うのなら、次郎長はどんな罰でもよろこんでお受けいたしやすぜ」と啖呵を切って、出頭を突っぱねています。

いつの時代もそうですが、ヤクザの大親分の啖呵というのは、実に恐ろしいものです。普通の人とは迫力が違う。結果、次郎長はお咎《とが》めなしになっています。

そんな清水次郎長に、山岡鉄舟は、「壮士墓」と揮毫《きごう》を贈っています。これは、巴川のほとりの埋葬地で墓標となって現存しています。

その山岡鉄舟の勧めで次郎長が明治七年（一八七四年）に始めたのが、富士山麓の万野原の開墾です。いまではすっかり住宅街になっているの万野原ですが、明治の初め頃は、そこはうっそうとした雑木林でした。次郎長は、そこを配下を引き連れておよそ十年がかりで広大な水田地帯に開墾しています。始めたのが次郎長五十五歳のときですが、次郎長自身も、鋤《くわ》や鍬《すき》を手にして子分衆と一緒に開墾作業を行っています。その子分衆の中には、数十人の懲役囚もいたのですが、誰ひとり脱走する者はいなかったそうです。

翌明治二年（一八六九年）九月、江戸城を明け渡した徳川慶喜は、駿府（今の静岡市）に居住することになりました。これを受けて、この年の十二月に江戸の大物親分の新門辰五郎が清水次郎長に会い、徳川慶喜公の護衛役を依頼しています。

次郎長は辰五郎親分の遺志を引き継ぎ、晩年まで慶喜公の護衛を果たしました。徳川家では、その労に対して葵《あおい》の御紋が入った熨斗目《のしめ》（かみしもの下につける礼服）を次郎長に贈っています。

清水次郎長は、清水港の整備事業の推進を説いて回り、単なる廻船港にすぎなかった清水港を、国際貿易港として機能するように、港の大改修工事を行っています。こうして清水港は、現代に至るまで日本を代表する国際港となっています。

さらに清水港から蒸気船を使った横浜までの海運会社を起こし、米や海産物の輸送だけでなく、静岡茶の販路の拡大にも貢献しています。また清水港内に宿泊施設「末広亭」を築造して、船旅の旅客の宿泊に供し、ここで英語塾を開き、米国人教師を雇って、塾を清水の青年たちに開放したりもしました。

晩年の次郎長は、「どてら姿で縁側に腰をおろし、子供たちの相撲を眺めている好々爺」だったそうです。

たとえ犯罪者であっても、あるいは博打打ちであっても、心のどこかで「いつかは俺も世のため人のためになる真人間になろう」という気持ちを持ち続ける。それが日本人という生き方だし、そんなことを実際に実行し生涯を駆け抜けたのが、清水次郎長だったのではないかと思います。

3—4　寄席と話芸

江戸の文化といえば、皆さんもよくご存知の落語があります。落語が行われる寄席《よせ》ですが、寄席というのは興行小屋のことで、もともとは河原などに臨時の小屋を建ててそこで興行が行われたりしていたのですが、江戸時代の文化年間（十九世紀初頭）には、常設小屋へと変化していきました。

江戸の三大話芸といえば、落語、講談《こうだん》、浪曲《ろうきょく》で、江戸時代にはこのなかで最も稼ぎがよかったのが講談であったといわれています。

落語はどちらかというと、寄席小屋ではなく銭湯の二階の休憩室で少数の風呂上がりの人たちの前でお話をしてちょっとした笑いを誘うといったことが多かったのですが、講談の方は寄席に千人くらいのお客さんを集めて、そこで歴史物語などが読まれました。ちなみに落語は「噺《はな》す」、浪曲は「唸《うな》る」、講談は「読む」と言われていました。そして人々は、講談を通じて様々な歴史物語を学んだわけです。

もちろん歴史は寺子屋でも教えますが、それは少年少女時代のこと。大人になってからは講談を通じて、歴史上の偉人の様々なエピソードを教わりました。これは非常に面白くてためになるというわけで、講談は江戸社会のいわば生涯教育の一翼を担っていたといわれています。


講談と浪曲の違いは、浪曲は三味線の伴奏がつきます。講談の場合は三味線の伴奏なしで、扇子一枚でぽんと叩いて拍子をとりながら話をします。

講談の歴史はとても古くて、戦国時代にまで遡《さかのぼ》ります。戦国武将が戦《いくさ》の軍議《ぐんぎ》を開くときは、会議の前に講談師を呼んで、昔の戦の物語を読んでもらいます。それから軍議に入るということがよく行われていました。これはひとつには、気持ちを高揚《こうよう》させるため、いまひとつは、歴史上の偉人たちが、どのようにして戦いに勝利して民の暮らしを守ってきたのかを、あらためてみんなで確認し合うためであったといわれています。

このため講談師は全国を旅して昔語りをして回りました。まだテレビもラジオもなかった時代ですから、人々は講談師を通じて、平家物語や源平合戦、鎌倉武士の活躍などを学んだわけです。

この講談のひとつのエピソードをご紹介したいと思います。「蠅《はえ》は金冠《きんかん》を選ばず」という演目で、講談師神田家一門の定番の演目ですが、この物語は昭和天皇が大変に好まれたのだそうです。昭和天皇は、よく皇居に講談師を招かれておいでであったとか。

どのような物語かといいますと、時は関ヶ原の合戦のあと、大坂の陣の少し前の時代になります。この頃大坂城に木村重成《きむらしげなり》という大変立派な殿様がおいでになりました。若いし見目《みめ》も麗《うるわ》しい。大坂城内の女子《おなご》衆の人気をひとりで集めるいい男であったそうです。

そんな木村重成を妬《ねた》ましく思っていたのが、大坂城の茶坊主で力自慢で五人力の良寛《りょうかん》です。日頃から「まだ初陣《ういじん》の経験もない優男の木村重成なんぞ、ワシの手にかかれば一発でのしてやる」と豪語していた良寛は、たまたま大坂城内の廊下で木村重成にばったりと出会います。そしてすれ違いざま、手にしたお茶を木村重成の袴《はかま》にひっかけて、

「気をつけろい！」と、重成をにらみつけました。良寛にしてみればそれで喧嘩になればしめたもの。人気者の木村重成を殴り倒せば、自分にハクがつくとでも考えたのでしょう。この手の身勝手な自己顕示欲を持つ者は、いつの時代にもいるものです。ところが木村重成、少しも慌てず、

「これはこれは、大切なお茶を運ぼうとしているところを失礼いたしました。お詫びいたします」と深々と頭を下げたのです。そんな重成の様子に、嵩(かさ)にかかった良寛、

「そんな態度では謝ったことになりませぬぞ。土下座して謝っていただこう！」と迫ります。怒らせて先に手を出させればしめたものです。なぜなら大坂城内での喧嘩刃傷沙汰はご法度だからです。武士である木村重成は、身分を失って大坂城を追われるだけでなく、場合によっては切腹です。かたや地位ある武将、かたや地位のない茶坊主です。良寛にしてみれば、木村重成から手を出してくれて失脚すれば「ざまあ見やがれ！」というわけです。

　ところが木村重成、

「それは気がつきませなんだ」と言うと、膝を折り床に膝をついて「申し訳ございません

でした」と深々と頭を下げてしまいます。

すっかり気をよくした良寛、勝ち誇った気になって、

「木村重成など喧嘩もできない腰抜けだ。ワシに土下座までして謝った。だいたい能力もないのに、日頃から偉そうなんだ」と言いたい放題となりました。そしてあることないこと木村重成の悪口を大坂城内で振りまき出したのです。日頃から人望がある重成です。誰に対してもやさしいし、剣の腕は超一流、武将としても凛としてたくましい。ところが人間おかしなもので、日頃抱いていたイメージと、まったく違う噂が流布《るふ》すると、びっくりして耳がダンボになってしまいます。

良寛のまき散らした噂は、たちまち大坂城内に広がりました。なまじ日頃から評判の良いしっかり者の重成だけに、茶坊主に土下座したという噂は、木村重成の貫禄の足らなさだということになって、大坂城内の語り草になってしまうのです。

この時代、大坂の豊臣方と徳川方の確執が、いつ大きな戦になるかわからないという世

情でした。そういう時代ですから、戦国武将たるもの、常に武威を張らなければ、敵からも味方からも舐《な》められる。舐められるということは、武将としての名誉を失うということです。そして噂というものは必ず本人の耳にも入る。当然、重成の耳にも入ってきました。登城すれば周囲から冷たい視線が重成に刺さります。心配した周囲の人が「よからぬウワサが立っていますよ」と重成に忠告もしてくれました。しかしなぜか重成は笑って取り合いませんでした。

噂はついに重成の妻の父親の耳にも入りました。この父がとんでもない大物で、大野定《おおのさだ》長《なが》といって、豊臣秀頼の側近中の側近の大野治長の父であり、戦国の世で数々の武功を立てた英雄でもありました。重成の妻で、美人のほまれ高い青柳《あおやぎ》は、そんな大野定長が目に入れても痛くないほど可愛がっていた娘です。その娘の旦那が城内で「腰抜け」呼ばわりされている。そうなれば大野の家名にも傷がついてしまうというわけで、

「よし、ワシが重成のもとに行き、直接詮議《せんぎ》をしてくれよう。ことと次第によってはその場で重成を斬り捨てるか、嫁にやった青柳に荷物をまとめさせて、そのまま家に連れて帰

って来てやるわ！」と、カンカンに怒って重成を訪ねました。

定長は言いました。

「重成殿、かくかくしかじかの噂が立っているが、茶坊主風情に馬鹿にされるとは何事《なにごと》か。なぜその場で斬って捨てなかったのか。貴殿が腕に自信がなくて斬れないというのなら、ワシが代わりに斬り捨ててくれる。何があったか説明されよ。さもなくば今日この限り、娘の青柳は連れて帰る！」

重成が答えました。

「お義父《とう》様、ご心配をおかけして申し訳ありませぬ。ただお言葉を返すわけではありませぬが、剣の腕なら私にもいささか自信がございます。けれどもたかが茶坊主の不始末に、城内を血で穢《けが》したとあっては私もただでは済みますまい。場合によっては腹を斬らねばなりませぬ。いやいや腹を斬るくらい、いつでもその覚悟はできております。しかし仮にも私は千人の兵を預かる武将にございます。ひとつしかない命。どうせ死ぬなら秀頼様のため、戦場でこの命を散らせとうございます」そして続けて、「父君、『蠅《はえ》は金冠《きんかん》を選ばず』

と申します。蠅には、黄金の冠《かんむり》の値打ちなどわかりませぬ。たかが城内の蠅一匹、打ち捨

てておいてかまわぬものと心得まする」

これを聞いた大野定長、「なるほど！」と膝を打ちました。蠅はクサイものにたかりま

す。クサイものにたかる蠅には、糞便も金冠も区別がつきません。そのような蠅などうる

さいだけで相手にする価値さえない。たいそう気を良くした大野定長、帰宅すると、周囲

の者に、

「ウチの娘の旦那はたいしたものじゃ。『蠅は金冠を選ばず』と言うての、たかが茶坊主

の蠅一匹、相手にするまでもないものじゃ」と婿《むこ》自慢を始めたのです。

日頃から生意気で嫌われ者の茶坊主の良寛です。これを聞いた定長の近習が、あちこち

でこの話をしたものだから、あっという間に「蠅坊主」のあだ名が大坂城内に広まりまし

た。あげくの果てが武将や城内の侍たちから良寛は、

「オイッ！　そこな蠅坊主、いやいや良寛、お主のことじゃ。そういえばお主の顔、蠅に

も見えるのぉ。蝿じゃ蝿じゃ、蝿坊主！　わははははは」と、さんざんからかわれる始末となりました。

ただでさえ、実力がないのに自己顕示欲と自尊心だけは一人前の山添良寛です。「蝿坊主」などと茶化されて黙っていられるわけもありません。

「かくなるうえは俺様の腕っ節で、あの生意気な重成殿を、皆の見ている前で叩きのめしてやろう」と機会をうかがいます。


その機会はすぐにやってきました。ある日、大坂城の大浴場の湯けむりの中で、良寛は、体を洗っている重成を見つけたのです。しかし、いかに裸で背中を洗っている最中とはいえ、相手は武将です。正面切っての戦いを挑むほどの度胸はない。良寛は、後ろからこっそりと近づくと、重成の頭をポカリと殴りつけました。なにせ五人力の怪力です。殴った拳《こぶし》の威力は大き……かったはずでした。ところが……。

「イテテテ」と後頭部を押さえこんだ男の声が違う。重成ではありません。頭を押さえていたのは、なんと天下の豪傑の後藤又兵衛でした。体を洗い終えた木村重成は、とうに洗い場から出て先に湯につかっていたのです。

いきなり後ろから殴られた後藤又兵衛、真っ赤に怒って脱衣場に大股で歩いて行くと、大刀をスラリと抜き放ち、「今殴ったのは誰じゃ！　出て来い！　タタッ斬ってやる！」と、ものすごい剣幕です。風呂場にいた人たちは、みんな湯船からあがり、様子を固唾《かたず》を呑んで見守りました。そこに残ったのは、洗い場の隅で震えている良寛がひとり。

「さては先ほど、ワシの隣に木村殿がおったが……。そこな良寛！　おぬし人違《たが》えでワシを殴ったな！　なに、返事もできぬとな。ならばいたしかたあるまい。ワシも武士、斬り捨てだけは勘弁してやろう。じゃがワシはあいにく木村殿ほど人間ができておらぬ。拳には拳でお返しするが、良いか良寛、そこに直れ！」と、拳をグッと握りしめました。

戦国武者で豪腕豪勇で名を馳せた後藤又兵衛です。腕は丸太のように太いし、握った拳はまるで「つけもの石」のように大きい。又兵衛はその大きな拳を振り上げると良寛めがけて、ポカリと一発。又兵衛にしてみれば、かなり手加減したつもりだったのだけれど、殴られた良寛は一発で気を失ってしまいました。

又兵衛も去り、他の者たちも去ったあとの浴室の中、ひとり残ってその様子を見ていた木村重成は、倒れている良寛のもとへ行きました。

「あわれな奴。せっかくの自慢の五人力が泣くであろうに」と、ひとことつぶやき、「エイッ」と良寛に活を入れ、そのまま去って行きました。


さて、気がついた良寛、痛む頬を押さえながら、

「イテテテ。後藤又兵衛様では相手が悪かった。次には必ず木村殿を仕留めてやる」

その時、そばにいた同僚の茶坊主が言いました。

「良寛殿、あなたに活を入れて起こしてくださったのは、その木村重成様ですぞ！」

これを聞いた良寛、はじめのうちは、なぜ自分のことを重成が助けてくれたのかわかりませんでした。「ただの弱虫と思っていたのにワシを助けてくれた？　なぜじゃ？」その時ハタと気付いたのです。重成殿はワシに十分に勝てるだけの腕を持ちながら、城内という場所柄を考え、自分にも重成殿にも火の粉がかからないよう、アノ場でやさしく配慮をしてくれたのだ。

「そうか。ワシは間違っていた。木村殿の心のわからなかったワシが馬鹿だった」

良寛は後日、木村重成のもとに行き、一連の不心得を深く詫びると、木村重成のもとで生涯働くと忠誠を誓いました。

そしてこの年の大坂夏の陣の時、初陣でありながら、豊臣方の主力として東大阪市南部方面に進出し、藤堂高虎の軍を打ち破って、さらに徳川方直参《じきさん》の井伊直孝の敵陣深くまで押し入って大奮戦した木村重成のもとで最後まで死力を尽くして戦い、重成とともに討死《うちじに》をした良寛の姿がありました。

と、このような話が講談で語られたわけです。近年では講談といえば東海道四谷怪談とか番町皿屋敷といった怪談ものばかりが目立ちますが、講談はもともと歴史談義。それを話芸にまで高めたものであったのです。

ちなみにこうした話だけで観客をわかせる話芸というものは、実は日本にしかないものです。世界中どこの国にもありません。もちろん楽器を用いた弾き語りのようなものとか、演劇は世界中にあるものですが、話だけで見事に現場を再現するという芸術は、日本にしかないものです。これは日本語が言葉だけで情感や情景を伝えることができるという稀有《けう》な特質をもつ言語だからできることだと言われています。またこれを聞く聴衆も一定レベルの教養があったからこそ、可能となった芸能といえます。

これが同じ江戸時代の演劇を伴う歌舞伎となりますと、いわゆる千両役者《せんりょうやくしゃ》というのは、本当に一日に千両の大金を稼いでいたといいます。千両というのは、いまでいうならおよそ六千万円です。それだけのお金を一日で舞台の上で稼いでしまう。これは、役者がそれほどまでに人気があったということを示すとともに、それだけの経済力が民間の間にあったことを意味します。歌舞伎役者は、それだけ稼いだお金を、自前で貯め込むことはせず、一日で稼いだお金は、その日のうちに花街に行って、芝居小屋の仲間たちと一緒に全部遣《つか》ってしまう。花街が潤《うるお》うと呉服屋やら小間物屋などが儲かり、八百屋や魚屋、酒屋にもお金が回る。そうした商売人の懐《ふところ》が豊かになれば、大工や植木屋がまた儲かる。そうして街全体にお金が回ることで、人々の暮らしが成り立つ。

限られたごく一部の大金持ちだけが贅沢三昧な暮らしをし、一般の民衆が奴隷扱いされていた西洋に対し、江戸時代の日本では、民衆の誰もが、それなりに努力をすれば、一定以上の稼ぎを得ることができる社会が実現されていたのです。

あとがきにかえて

人類が誕生してから、現在に至るまでに世界で産出された金（Gold）の量は、オリンピックプールに換算すると約三杯分だと言われています。このうちまるまる一杯分が日本で産出された金です。まさに日本は「黄金の国ジパング」そのものだったのです。おかげで江戸時代の日本では、庶民の財布には紙でできた一万円札ではなく、黄金でできた小判が入れられていました。

江戸時代の農家の人は土地に縛り付けられていて貧困のどん底暮らしだったというセンセイがおいでになりますが、江戸時代の人口の九十五パーセントが農家です。その農家の人たちが、お伊勢参りに金毘羅参り、富士登山に京都御所詣《もうで》に温泉湯治《とうじ》と、盛んに全国を往来していました。

なかでもお伊勢様への参拝者数は、これははっきりと統計が残っているのですが、年間五百万人。江戸時代の日本の人口は二千五百万人ですから、五人にひとりが、毎年三重県の伊勢まで参拝に出掛けていたことになります。

要するに一昔前までの農協主催の団体観光旅行さながらに、日本全国の農家のみなさんは、あちこち旅行を楽しんでいたわけで、こうした旅行を斡旋《あっせん》する、ツアー会社のようなものまで江戸時代にはできていました。

さらにこうして旅行に出るときは、旅をする人は肌着の襟《えり》に、小判一両縫いこんでおくのが慣《なら》わしで、これは旅の途中に万一倒れたとき、同行した仲間や、近隣の人に面倒を見てもらうための代金とされていました。小判一両は、いまのお金でおよそ六万円です。いわば六万円を襟に縫い付けて旅行していたわけです。

しかも旅ともなれば、いまと違って飛行機も電車も自動車もなかった時代ですから、みんな歩きです。途中で何泊もすれば、食事もするし、風呂にも浸かる。温泉の湯治も、江戸の昔には盛んに行われていたことです。その姿は、どこぞの教科書に書かれている哀れな貧民百姓といった姿とは程遠いものです。

加えて、いまどきのお祭りの御神輿《おみこし》に施されている金色の装飾は、江戸の昔には純金の金箔や、金細工そのものが用いられていたものの名残です。それらはいずれも、同じ時代の世界からみたら、まさに黄金の国の豊かな暮らしというべきものであって、貧困などとは程遠いものでした。

そういえば、香川県でうどんが盛んなのは、江戸の昔、年貢の取り立てが厳しくて、作物の米はみんな年貢として取り立てられてしまい、食べるものがないので田の畦《あぜ》に小麦を植えたのが始まりだと聞いたことがありますが、これまたとんでもない話です。香川といえば昔の讃岐国ですが、江戸時代の讃岐うどんは江戸や大坂などに出荷されて、庶民の味として大評判になっていた売れ筋の名産品でした。これは讃岐の諸藩が国をあげてうどん産業育成に取り組んだからできた話であって、田の畦程度では、とてもその出荷量に間に合いません。

我が国は、神武創業の建国の詔《みことのり》からして、「夫大人立制、義必隨時、苟有利民　何妨聖造」とされてきた国です。これで、「大人の制を立てて必ず義を行い、いみじくも民に利を有す」と読み下すのですが、民こそが「おほみたから」であり、その民が明るく楽しく豊かに安全に安心して暮らせるようにしていくことが建国の原点だったし、江戸幕藩体制の本質であったのです。

さらにいえば、イザナキ、イザナミがオノコロ島を築いた理由も「豈国」を築こうとしたものです。

「豈」というのは、喜びや楽しみ、そして嬉しさを意味する漢字です。つまり、我が国は、久遠元初の昔から、民衆が喜びと楽しみ、嬉しさと幸せを得ることができるようにすることを、国是としてきた国なのです。

そもそも、少し考えたら誰でもわかることですが、そこらを歩いたり電車に乗っている人みんなの財布の中に、いまは紙でできたお札が入っていますが、江戸時代には黄金の小判が入っていたわけです。純金です。それが日本全体になったら、どれだけの量の金の流通量だったか。想像するだけで、黄金の国ジパングの凄味がわかろうというものです。西洋にも金貨はありましたが、それは王侯貴族の財であって、庶民は一生、見ることさえもままならなかったものです。日本の庶民がどれだけ豊かだったかということです。

だからマルコ・ポーロは「黄金の国ジパング」と書いたわけですが、その日本のことを、古代の中国では、東の海上に浮かぶ蓬莱山《ほうらいさん》と呼んでいました。蓬莱山の別名が東瀛《とうえい》です。「瀛《えい》」という字は大海を意味しますから、東瀛とは、中国の東の海に浮かぶ四方を海に囲まれた島を意味します。さらにいうと東瀛の「瀛」は、肉付きの良い女性が吼《ほ》えている姿の会意象形文字です。つまり東瀛の国のトップは女性であることをも意味します。

その女性とは、天照大御神のことかもしれないし、あるいは卑弥呼のことかもしれません。いずれにせよ東瀛は、中国の東の海の向こうにあって、女性がトップにあり、黄金に包まれ、民衆の誰もが幸せに暮らす国であったわけです。どう考えても、それは日本のことです。

その日本では、一昔前までは、虫歯の治療にも金が普通に用いられていました。総入れ歯も、一番安いものは木でできていて、その上になると銀、最高級の入れ歯は金でできています。金の入れ歯は、食べ物の味を変えないので、たいへんに重宝されたのです。日本はそれほどまでに、金が豊富だったのです。

さて、年間に五人にひとりがお伊勢参りをしていた江戸時代のこと、農家からある商家に奉公に出ていた女中《じょちゅう》さんの実話が残っています。

その女中さんは、一度でいいからお伊勢様に参拝したいと願っていたのですが、あるとき主人が小判を一両、箱に入れたのを見て、その夜こっそりと取り出して、それを旅費にしてさっそく誰にも告げずに出掛けたのだそうです。女中は、後ろから追われるのではないかと思い、街道の方へ急いで行きました。

あいにくワラジのヒモが切れてしまい、一銭もないので、手にしている小判を銭に両替してもらおうと、あちこちを回るのですが、どこに行っても断られてしまいます。

どうなることかと思案に暮れていると、どこの人とも知れない男が女中のこの様子を見ていて、そっと道の向こうに呼び寄せました。

「お前、一緒に行く人もいないのに伊勢神宮へ参拝するようだが、カネを持っていると思われるとどんな目にあうかわからない。取られないように用心したほうがいい。小判を持っているなら、銭に替えてやろう」という。

女中が承知しないでいると、その男は金二分を取り出して見せ、「ワシはこっそり取り替えてやろうと思ったが、ここにある二分金以外に持っていない。少し待っていろ。外に行って両替してきてやろう。とにかく二分金を渡しておくから、この小判を出せ」というので、本当かと思い、女中は小判を渡します。

ところがいつまで経っても現れない。さてはだまされたかと気付くのですが、男の行方はわからない。思案に暮れているとその男が帰ってきます。そして荒々しい声で、「きさまはよくも俺をだましたな、あの小判はニセモノだ」と怒鳴りました。女中も負けてはいません。そんなことあるもんですかと、こちらも大声を出して応じます。男と女の言い争う声は激しさを増しました。

あたりに響く争いの声に、近くにいた人たちが何事が起きたのだと集まってきます。双方の言い分を聞いているうちに、男は詐欺師で、女中をだましていると感じる。これは男から二分を取り戻すことが先決だと集まった人たちは考え、男を責めました。男はこうした方法で旅人をだましてはカネをかすめとることで渡世《とせい》をしているならず者でした。

男は、この場をうまく切り抜けることはもはやむつかしいとみて、身を隠すに限ると思ったのか、一瞬のすきをみて素早く逃げ出してしまいました。集まっていた人たちは、逃がすな、あの野郎と追い掛けたが、男は人混みのなかをかき分けて姿を消してしまいます。仕方なく戻ってきた人は、女中に「あんたには気の毒だが、あいつは詐欺専門のならず者だから皆だまされる。それでも半分は手もとに残ったのだから、あきらめな。そのカネを旅費にすれば、伊勢参拝はできるから」と慰めてくれました。

女中はやむをえないと思って、その二分金を旅費にして伊勢参拝を果たして、無事に故郷に帰ってきました。そしてこの一連の出来事を詳しく家族に話しました。

するとと主人は、

「おかしな話だよ。まったくその男がお前をだまして盗んでいった小判は、実はニセモノなのだ。旅費に使えるようなものではない。なのに男のおかげで二分金を手に入れ、楽々と伊勢神宮に参拝できたことは、神の恵みと言っていい」と言いました。

このお話は、江戸時代に実際に遠州の榛原《はいばら》郡であった話で、中村乗高《のりたか》という人が『事実証談《ことのまことあかしがたり》』という本で紹介していまに伝えられています。二分金というのは、現在の三万円ほどで、もしかしたらどうしても伊勢参拝をしたいと願う女中の思いを神様が汲んで、旅費を恵んでくれたのでしょう。女中さんは、途中で怖い思いもしたけれど、一生の思いが叶ってきっと満足したであろうと思われます。

いつの時代でも、人々は与えられた境遇のなかで、懸命に生きているものです。家康が開いた江戸社会は、家康自身が、日本古来の文化である、庶民こそが「おほみたから」とする社会が実現された時代であったということができます。それは、一部の破格の大金持ちは生みませんが、その代わり誰もが豊かに安全に安心して暮らせる世です。

時代は、人々の思いによって築かれるものです。「いまだけ、カネだけ、自分だけ」ではなく、江戸時代の人の心を日本人が取り戻せば、日本は必ず再生し、世界中に民衆の幸せの時代をもたらす大きな力となって行きます。それは必ずそうなります。

家康の築いた江戸社会

令和 5年 1月 26日　初版発行

著　者　小名木 善行

発行人　蟹江幹彦
発行所　株式会社　青林堂
〒150-0002　東京都渋谷区渋谷 3-7-6
電話　03-5468-7769
編集協力　植野徳生
装　幀　（有）アニー
印刷所　中央精版印刷株式会社

Printed in Japan

ISBN 978-4-7926-0737-1